I0839790

PARTONS VIVRE
EN THÉORIE

Du même auteur :

NOS BLESSURES SOUTERRAINES
QUAND LES MURS TREMBLENT – Tome 1
SUR LES CHEMINS DU DOUTE – Tome 2
ENVERS ET CONTRE TOUT – Tome 3
JUSTE APRÈS L'ORAGE – Tome 1
NOS VENTS CONTRAIRES – Tome 2
LE SOUFFLE DE NOS VIES – Tome 3
QUAND REVIENT LA TEMPÊTE – Tome 4
LE MIRAGE DE NOS PEINES – Tome 5
ET NOUS AVONS GRANDI – Tome 6
À FAIRE VOLER NOS ÂMES – Tome 1 (Prix du Roman 2019 Salon International du Livre de Mazamet)
ET ENTENDRE TON RIRE – Tome 2
ET REGARDER LA VIE – Tome 3
L'ARBRE DE ROSE
L'ÉTOILE DU NORD - Tome 1 (Finaliste Prix des Étoiles Librinova)
L'ÉTOILE DU NORD - Tome 2
LA NUIT SUR LES TOITS
LE MUR EN PARTAGE
LES PETITS CAILLOUX
LES COULEURS DE MON CIEL (Recueil de nouvelles)

Victoire Sentenac

PARTONS VIVRE
EN THÉORIE

Roman

ISBN : 9798334053199
Photographie libre de droits

« C'est vivre et cesser de vivre qui sont des solutions imaginaires. L'existence est ailleurs. »

André Breton

« Rien n'est jamais fini, il suffit d'un peu de bonheur pour que tout recommence.»

Émile Zola

PREMIÈRE PARTIE

Alex

1

Janvier 2002

Pour une fois, le quartier est totalement silencieux. C'est assez rare pour être souligné. Entre le bar-tabac qui ne désemplit pas jusqu'à une heure du matin, l'arrivée des flics et leur sirène hurlante qui vient crever mes plafonds de ses gyrophares bleus, et Victor, le boulanger qui s'y met à l'étage du dessous, mes nuits sont de vastes étendues de chaos. Rien à côté de ce qui m'attend, mais à ce moment-là, je l'ignore encore, Dieu merci.

Je l'aime bien, Victor, avec son histoire cabossée, ses yeux de méchant et son cœur gros comme ça. Un casque sur les oreilles, ses bras musclés et tatoués pétrissent la farine et enfournent le pain au rythme endiablé d'un rap qu'il essaie vainement de me faire aimer. Il a la vingtaine, j'en ai trente et j'aime Bruce Springteen, il n'y arrivera pas. Il fait peur aux grands-mères du quartier. Ça file droit, dans la boulangerie, pas une qui oserait râler quand les miches sont un peu trop roussies. Même les plus revêches le remercient s'il se trompe sur la monnaie, et il se trompe souvent avec ce nouvel euro, toujours en sa faveur, bien sûr. Mais dans nos faubourgs désertés, sa présence est sacrée. C'est le dieu du pain, le sauveur de nos petits déjeuners, sans quoi on n'aura qu'à se rabattre ad vitam sur le pain de mie en promo de chez Franprix. Alors on le bichonne malgré son crâne rasé, ses piercings et ses écarteurs. La dernière fois, j'écoutais l'air de rien la vieille Mme Croze parler à voix basse avec sa voisine et je riais sous cape.

— Tu te rends compte, Mireille, ce qu'on nous impose ! Quel dommage que ce vieil Emilio ait dû prendre sa retraite… Il aurait pu nous en choisir un mieux, quand même, tu l'as vu, celui-là, avec ses trous dans les oreilles ? Peuchère, va savoir ce qu'il y trafique, dans son fournil…

— Tu sais à quoi ça me fait penser ? À un reportage que j'ai vu à la télé la semaine dernière, dans une tribu au fond de la brousse, ils avaient la même chose ! C'était pas beau à voir.

— Il lui manque plus qu'un os dans le nez ! Voilà où on en est réduit, ma pauvre, à accepter des sauvages chez nous pour avoir une baguette sur la table.

— Seigneur Jésus. *Vaï, à la revisto* !

Et la voisine s'était signée rapidement avant de trottiner vers l'antre du diable tatoué pour remplir son cabas tout en continuant de grommeler en provençal.

Je l'avais suivie avec mon diablotin poilu à moi, celui grâce à qui indirectement toute ma vie allait basculer, mais ça non plus, je ne le savais pas encore.

La théorie du battement d'ailes de papillons s'applique parfaitement à ma vie : comment un acte aussi anodin que recueillir un jeune labrador fou finira par provoquer un tsunami dans mon existence quelques années plus tard. Je suis devenu philosophe avec le temps. Je n'ai pas eu tellement le choix, et puis je n'ai pas un tempérament à me laisser aller. Plutôt à aller de l'avant quoi qu'il advienne, ça, c'est mon credo.

Quand j'étais petit déjà, il a bien fallu que je m'adapte à ce que la vie me proposait, c'est-à-dire pas grand-chose. Comme on dit ici, si je courbais l'échine, je n'avais plus qu'à me jeter dans le Rhône.

Je ne vais pas mentir, ça m'a traversé la tête une ou deux fois. J'étais ado, mal dans ma peau, malheureux et sans espoir, comme beaucoup d'adolescents aujourd'hui, me direz-vous, mais moi, j'étais vraiment un cas à part.

Vous savez, un de ces enfants dont le destin provoque une sorte de pitié dans le regard de ceux à qui on le raconte, ou au mieux un certain attendrissement, avant de les voir détourner le regard et retourner à leur vie à eux, soulagés de constater qu'elle n'est finalement pas si mal que ça en regard de la mienne. C'était pareil à l'école. Je fascinais tout le monde, mais pas dans le bon sens du terme. J'avais toujours l'impression d'être le mouton noir, le canard boiteux, au mieux le gars un peu infréquentable qu'il est bon de se mettre dans la poche, au cas où. Je vous le dis tout de suite, personne ne m'a jamais mis dans sa poche, ni où que ce soit d'ailleurs. Je ne possédais peut-être pas grand-chose, mais ma peau, au moins, elle était à moi. Ma peau, c'est une image, hein, vous avez bien compris. Elle englobe mon cerveau, mes pensées, mes organes, mon sexe, bien sûr, et puis tout ce qui fait que je suis moi, Alex. Sur ma carte d'identité, je m'appelle Alexandre Sylvain Marie Aubert, mais personne ne m'a jamais interpellé comme ça, heureusement. Je suis Alex, point.

2

Pour que vous me compreniez, je dois vous raconter l'histoire de mes parents. Je vais essayer de la faire courte, mais je vous préviens tout de suite : elle ne va pas vous plaire. Elle risque même d'entraîner chez vous ce regard désolé dont je parlais tout à l'heure et, pendant quelques minutes, vous allez me plaindre, ce qui va m'agacer. Alors, pensez-y au moment où vous serez choqué, peiné, attristé ou que sais-je, et soyez fiers de moi. Ça m'a toujours beaucoup plus aidé que la commisération des bien-pensants. Parce qu'heureusement, j'ai aussi fait de belles rencontres, mais ça, je vous le raconterai plus tard.

Pour l'instant, concentrons-nous sur Adeline et Johnny, oui, comme l'ex-couple de stars, ça ne s'invente pas, sauf que mes parents à moi étaient beaucoup moins riches, beaucoup moins beaux et absolument pas célèbres.

Un soir de féria, Adeline et ses copines ont décidé d'aller faire la bringue. Jusqu'ici, tout va bien. À Arles, les fêtes traditionnelles sont une institution aussi sacrée que toutes les corridas qu'elles célèbrent. Hors de question de rester chez soi quand on a seize ans, qu'on est une jolie brune un peu pulpeuse qui a failli être élue reine d'Arles et qu'on a très envie d'attirer les regards pour tester son pouvoir de séduction. Les regards j'ai dit, pas le reste. Le reste, c'est une autre histoire.

Mais voilà, dans la cohue d'une foule excitée à la sortie des arènes après une mise à mort magistrale et un pauvre taureau qui a perdu ses oreilles juste avant de perdre la vie, une petite bande de jeunes gars repère bruyamment Adeline et les autres. Ils les connaissent. Arles est un patelin. À part les touristes estivaux, tout le monde s'y est déjà croisé au moins une fois. Et puis, ils ont tous fait leur scolarité ici et, même si la plupart d'entre eux ont déjà décroché leur premier job, ils ont partagé les mêmes bancs et punitions pendant quelques années, ça forge des liens. Certes, les bouilles étaient enfantines, les courbes inexistantes, les hanches étroites et les poitrines plates. Aussi faut-il maintenant composer avec toute cette chair qui a poussé sur le corps des filles devant, derrière, un peu partout à vrai dire. Et puis leurs yeux aussi. Leurs yeux ont changé. Ils sentent bien que les filles ont compris des tas de choses qu'ils commencent tout juste à entrevoir. Eux, ce qui les intéresse, c'est surtout ce qu'ils ont en dessous de la ceinture. À cette époque, à part quelques magazines et les premières VHS pornos piqués à leurs vieux, ils n'avaient rien de concret à se mettre sous la dent, ou si peu. Alors, ils en parlaient beaucoup, ils fantasmaient le soir sous leurs draps, ils mataient les seins des filles, ils imaginaient entre eux ce qu'ils leur feraient, et puis, une fois face à celle qu'ils avaient convoitée, il ne se passait pas grand-chose. Dans le meilleur des cas.

Pour Adeline et Johnny, ce fut un peu différent.

Déjà, ils ne faisaient pas tout à fait partie du même monde. Johnny était fils de forains sédentarisés, un mot pompeux pour dire qu'un jour, sa famille gitane n'est pas repartie sur les routes parce que la mère était malade et qu'à force de les voir traîner sur place, la mairie a fini par leur attribuer un vieux logement pourri dans les barres de HLM du quartier de Barriol. Il a fallu scolariser le jeune Johnny, qui parlait à peine français et n'avait jamais mis les pieds dans une école, encore moins dans une classe aussi sévèrement tenue que celle de Mlle Thérèse, une enseignante à l'ancienne qui tapait sur les doigts des récalcitrants avec sa règle en métal. Mon père s'est rebellé, évidemment. Il était mis à la porte de sa classe régulièrement, puis fut exclu temporairement de l'école, et enfin viré tout court. Il volait, mentait, manquait de respect à tout le monde. En même temps, est-ce qu'on avait pris la peine de lui apprendre les codes ?

Son passage au collège ne fut guère plus brillant, mais lui permit néanmoins d'y rencontrer Adeline. Farouche, mais dotée d'un sacré caractère, elle le faisait tourner en bourrique, du moins, c'est ce qu'on m'a raconté. Elle lui rappelait les belles gitanes qui dansaient au son des guitares à la lueur du feu lors des soirées étoilées de sa petite enfance. Ses yeux de velours noir l'ont littéralement envouté et ses courbes précoces, affolé.

Il lui fallait Adeline. C'était écrit, il l'avait dans la peau. D'ailleurs, il s'est fait tatouer son prénom sur l'épaule avant même de l'avoir conquise, et, à cette époque-là, je peux vous dire que c'était drôlement mal vu les tatouages. À part les taulards et quelques rebelles, ça ne se faisait pas, comme on dit. Et puis il avait le sang chaud de ses ancêtres qui coulait dans ses veines, alors quand il a décidé de lui faire la cour, à aucun moment il n'a envisagé qu'elle puisse lui résister. D'ailleurs, au départ, elle n'était pas contre, la belle Adeline. C'était plutôt flatteur l'intérêt de ce mauvais garçon qui avait la cote auprès des filles, les regards lourds de sous-entendus, la mèche rebelle et la guitare en bandoulière. Johnny était resté gipsy dans l'âme.

Même s'il ne sillonnait plus les routes, il avait ancré en lui l'instinct grégaire et la musicalité de ses origines. Et la belle Provençale y était sensible.

Ce qui devait arriver arriva. Lors d'un beau soir de juin, pendant que battaient leur plein les fêtes d'Arles au son des fifres et des galoubets, Johnny a admiré d'un peu trop près la coiffe et les jupons du costume d'Arlésienne que sa dulcinée avait revêtu pour l'occasion.

Elle avait seize ans, lui dix-sept. C'était leur première fois à tous les deux, malgré les airs machos que se donnait déjà mon père. J'aime penser qu'à ce moment-là au moins, ils ont été amoureux. Que ma présence sur cette terre n'est pas seulement due aux écarts de conduite d'une jeune fille curieuse et à l'inconvenance d'un gitan mal dégrossi. Je ne le saurai jamais. Toujours est-il que la suite a mal tourné, vous vous en doutez bien.

Ma mère n'est pas tombée enceinte de moi ce soir-là. Un peu affolée par ce qu'elle venait de faire, et pas du tout convaincue du plaisir qu'elle pouvait en retirer, elle a essayé de mettre les voiles. Seulement voilà, dans la culture gitane, ça ne marche pas comme ça. Elle avait beau être une gadji, à partir du moment où elle avait couché avec mon père, pour lui, c'était comme s'il l'avait épousée. Elle devait venir vivre chez lui, dans sa communauté, et commencer à lui pondre des petits Johnny par grappes entières. Sa mère, qui avait fini par se rétablir de sa maladie, ne l'entendait pas autrement.

Adeline s'est sentie prise au piège. Ce n'est pas qu'elle n'aimait pas son beau gitan, mais il est devenu si oppressant qu'elle n'osait plus mettre le pied hors de chez elle. Ses parents ont cru un moment qu'elle devenait sérieuse et s'en sont réjouis. Ça n'a pas duré bien longtemps.

À force de jouer avec le feu et surtout avec les seins d'Adeline, mon père a réussi à finir par la mettre en cloque, et cette fois-ci, votre serviteur est apparu. Oh, bien discrètement au départ, je vous assure que je n'en menais pas large, recroquevillé au sein de son giron. Je devais déjà ressentir la terreur inconsciente de ma mère. On avait beau être dans les années soixante-dix, une fille-mère, c'était encore la honte, surtout chez les fiers Provençaux.

Sa mère a fini par lui faire remarquer qu'elle avait pris du poids à force de rester cloîtrée à la maison. Adeline s'est vexée. Aujourd'hui on appellerait ça un déni de grossesse, mais il s'agissait plutôt d'une grande ignorance de la part de ma mère. Elle n'avait qu'une vague idée de la façon dont naissaient les enfants, et se préoccupait surtout d'échapper à la surveillance de Johnny et ses sbires.

Aussi, le soir du premier mai, en pleine fête des Gardians, quand Adeline s'est tordue de douleur sur le sol de la cuisine de ses parents, personne n'a compris ce qui était en train d'arriver. Les ambulanciers qu'on a appelés en catastrophe ont vite saisi, eux.

C'est ainsi que j'ai poussé mon premier cri, au milieu de la confrérie des gardians à cheval qui défilaient fièrement dans les rues d'Arles et nous bloquaient sans le vouloir l'accès à l'hôpital.

3

Même à ce stade-là, ma mère ne comprenait toujours rien. Comment aurait-elle pu ? Une douleur atroce lui déchirait les entrailles, elle pensait être en train de mourir d'une infection mystérieuse, une sorte de punition divine pour avoir couché avec Johnny, et voilà que cet homme en blanc lui présentait en souriant une espèce de monstruosité sanguinolente, un de ses organes qu'elle aurait perdus, peut-être ? Merci au passage pour le monstre, il s'est plutôt bien développé à ce qu'il paraît.

Mais à ce moment-là, dans l'ambulance qui avait dû s'arrêter en catastrophe sur le bas-côté pour l'expulsion de la bestiole, elle n'était que terreur et incompréhension, son cerveau lui refusait l'accès à cette réalité désordonnée et glauque qu'elle aurait souhaité ne jamais connaître de sa vie. Épuisée par les efforts fournis et cette douleur volcanique, elle a tout de même ressenti le soulagement immense de la délivrance et s'est simplement réjouie de ne plus souffrir. Pour le reste, qu'on la laisse tranquille, et surtout qu'on arrête de lui parler d'un bébé et de vouloir poser cette chose rouge et dégoûtante sur sa poitrine, ils n'avaient qu'à la mettre à la poubelle s'ils n'en voulaient pas.

On ne m'a pas jeté à la poubelle, non. Enfin, pas de cette façon-là. Arrivée au petit hôpital Joseph Imbert au sein du service de maternité qui avait ouvert ses portes quelques années auparavant, Adeline a été bien prise en charge. Elle d'un côté, moi de l'autre, le personnel soignant craignant qu'elle ne me fasse du mal, paraît-il.

Ses parents sont arrivés peu après, pâles et choqués, encore prisonniers de la terreur qu'ils avaient eue en croyant voir leur fille mourir devant eux sur le carrelage en terre cuite de la cuisine. Eux non plus ne savaient rien, en tout cas pas consciemment. Ma grand-mère a juré ses grands dieux qu'elle n'avait rien deviné. Tout de même, sa petite fille valait mieux que ces graines de vauriennes trop maquillées qui traînaient le soir dans le quartier en compagnie des garçons. Bien sûr, elle sortait pour les férias, elle lui soupçonnait même un chagrin amoureux ces derniers temps, tant Adeline lui paraissait morose. Mais ça ! Comment était-ce Dieu possible ? Comment leur fille unique avait-elle osé leur faire *ça* ? Vous noterez que je suis à nouveau chosifié dans cette histoire.

Dès le départ, il a donc été question de savoir qui était le père et ce qu'il fallait faire de l'enfant. Un petit garçon, au passage, si ça vous intéresse. Mais ça ne les intéressait pas beaucoup, ni les uns ni les autres. Il était surtout question de camoufler l'événement et de se débarrasser le plus vite possible de l'objet du délit (oui, encore).

Sauf que je vous l'ai dit, Arles est un patelin dans lequel, tôt ou tard, tout se sait. Tout, je vous dis. Alors, vous pensez bien qu'une vieille famille provençale n'aurait pas pu cacher bien longtemps un scandale pareil. Et puis, pour une fois que les commères avaient un incident aussi croustillant à se mettre sous la dent ! Heureusement qu'on ne l'avait pas élue reine d'Arles la petite, elle aurait fait une belle ambassadrice de la ville avec son bâtard sous le bras !

Et donc, bien évidemment, l'événement est arrivé aux oreilles de Johnny. Qui s'est empressé de venir tambouriner aux portes et exiger de voir son fils. Lui, au moins, était fier de ma venue au monde, ça me console un peu.

Je vous laisse imaginer la tête de mes grands-parents en apprenant que, non seulement leur enfant était une fille-mère de seize ans qui fichait en l'air son avenir, mais en plus que la faute avait été commise avec un gitan ! Ils avaient beau être pétris de culture camarguaise et accepter les processions tsiganes rituelles aux Saintes-Maries-de-la-Mer, voir entrer dans leur famille un membre de la population gitane, « et pas le meilleur ! » a renchéri mon grand-père, c'était autre chose.

Le problème étant que tout leur entourage était désormais au courant de « l'affaire », alors s'ils se débarrassaient de moi en me laissant aux bons soins des services sociaux, ils passeraient à leur tour pour des monstres, ce qu'ils souhaitaient éviter autant que possible.

Durant ces premiers jours de ma vie, cataclysmiques dans la vie d'Adeline et ses parents, la jeunesse et la vigueur de ma mère ont repris peu à peu le dessus. Elle restait tout estourbie de mon arrivée en fanfare, mais, le troisième matin de son séjour inopiné à la maternité, elle a demandé à l'infirmière en cornette si elle avait le droit de voir son fils. Adeline était une jeune fille intelligente et sensible. Elle avait beau être ignorante de certaines choses de la vie, elle comprenait, malgré son jeune âge, qu'elle avait tout de même son mot à dire, et que, si elle ne le disait pas rapidement, elle risquait fort de le regretter plus tard.

C'est dans cet état d'esprit qu'elle m'a enfin accueilli dans ses bras ronds et dorés de jeune fille du sud. Curieuse, émue, apeurée, inquiète et indécise. Qui étais-je pour elle ?

L'émergence de cette maternité précoce était loin d'être évidente. Le seul nouveau-né qu'elle ait jamais approché était celui d'une lointaine cousine marseillaise, et elle ne devait pas avoir plus de huit ans lorsqu'on lui avait posé l'enfant dans les bras avec moult précautions pour la sacro-sainte photo de famille. Elle gardait un souvenir presque animal de ce petit être doux et chaud qui miaulait comme un chaton et sentait le lait caillé. Sa fragilité l'avait néanmoins assez bouleversée pour que son petit cœur accélère sous le poids plume de cette humanité concentrée dans ses bras. Elle avait adoré ce moment, il faisait partie de ses trésors cachés.

Aussi, lorsque l'infirmière sérieuse et attentive lui a déposé doucement ce nouveau fardeau sur la poitrine, la sensation primaire de cette fragilité, assortie d'un désir immense de protection, a émergé en elle. Je ne saurais dire si elle a ressenti à ce moment-là un quelconque instinct maternel, mais, en tout cas, elle a eu très envie de prendre soin de moi. M'a trouvé beau, paraît-il. S'est inquiétée de cette drôle de tache sous mon œil droit, qui devait peu à peu s'estomper, et de mon crâne en pain de sucre malmené par cet accouchement inattendu. Puis, elle a cessé l'inventaire pour me regarder enfin. Mes yeux étaient alors plongés dans les siens, fixes et graves, attentifs. Ce fut notre premier vrai échange, perdu dans l'eau noire de mon inconscient. Adeline s'est troublée, ses yeux à elle se sont remplis d'eau et elle a demandé d'une petite voix à l'infirmière si j'étais en colère, si je lui en voulais et pourquoi je la regardais comme ça. La soignante a souri et lui a répondu que c'était normal, c'est toujours comme ça la rencontre avec son nouveau-né. « Il vous a reconnue. Vous êtes sa maman. »

Ce fut le mot de trop. Trop d'émotions, de peurs souterraines, d'inconnu. Pour Adeline, une maman ne pouvait être que vieille, raisonnable, mariée, habillée strictement, sérieuse, etc., etc. Tout ce qu'elle n'était pas, en quelque sorte.

Mais au moment où l'infirmière, affolée par toutes ces larmes, s'apprêtait à me ramener à la nursery, ma mère l'a interpellée d'une pauvre petite voix cassée. « Comment s'appelle-t-il ? »

« On attendait que vous décidiez, mademoiselle. »

« Appelez-le Alexandre. C'est joli. Et Sylvain, comme mon grand-père que j'adorais. Et puis, Marie, parce que c'est la tradition dans la famille, mes parents seront contents. » L'infirmière a acquiescé et s'est empressée de réaliser les formalités de déclaration à la mairie avant que la jeune mère instable ne change d'avis. Déjà que les délais étaient courts, ça ferait au moins un problème de réglé.

4

Si les choses en étaient restées là, peut-être que mon histoire aurait été différente. Sûrement, même. Mais le jour où ma mère a décidé de me reconnaître et d'épouser Johnny, notre vie à tous a basculé.

Au début, mis à part le conflit majeur entre Adeline et ses parents, ajouté à la mésentente ancestrale entre deux familles qui se détestaient, le – très – jeune couple s'est plutôt bien adapté à cette condition nouvelle de parents mariés. Il faut dire que la communauté gitane est assez aidante à ce niveau-là. Les enfants tombent du ciel et sont accueillis comme tels, de petits anges qui se transforment rapidement en démons tant ils sont vifs et éveillés, mais qui, dans leurs premières années, sont vénérés et élevés par le groupe entier.

Les parents de Johnny n'étaient pas restés longtemps seuls dans leur HLM miteux. Vite rejoints par deux familles de leur communauté d'origine, qui avaient à leur tour prospéré à qui mieux mieux, c'était tout juste s'ils n'avaient pas rebaptisé l'immeuble à leur nom. C'était *leur* territoire, sur lequel ils exerçaient tous les us et coutumes des gens du voyage qui ne voyagent plus. Peu importait le bruit, les cris, les chansons, les feux de camp dans la cour, sur les balcons, partout où ils le pouvaient. Les pauvres familles voisines n'avaient qu'à s'adapter ou quitter le navire.

Je circulais donc de bras en bras, d'une pièce à l'autre, d'étage en étage, jusqu'à ce que je m'endorme d'épuisement ou qu'une bonne âme daigne me nourrir. Les gitans ne s'embarrassent pas de principes diététiques. Si, à six mois, j'étais capable d'attraper une rondelle de saucisson ou un morceau de fromage entre deux doigts, c'est que c'était bon pour moi. Et hop, un souci de moins pour Adeline. La pauvre avait bien d'autres tracas en tête.

Après ces quelques mois bénis où elle a joué à la jeune femme émancipée, loin du joug de ses parents, découvrant avec une ivresse non dissimulée les joies transgressives de cette vie en communauté où tout semblait toujours permis et où l'argent, les vêtements, la nourriture et autres objets de luxe arrivaient d'on ne sait où aux moments les plus inattendus, ma mère a rapidement déchanté.

Au contact rapproché des siens, et passé sa fierté de jeune coq pour avoir engrossé sa copine, le jeune Johnny n'a plus tellement regardé Adeline. Devenue officiellement sa compagne pour une vie entière, elle ne l'intéressait plus beaucoup. De jeune beauté inaccessible, elle était passée d'un coup dans le camp des mères sans pour autant en avoir l'aura. La seule mère qu'il voulait bien écouter, c'était la sienne. Après tout, Adeline n'était qu'une gadji dont il avait accepté de sauver l'honneur en l'épousant. Moi, je l'amusais un peu plus, mais à part me faire sauter dans ses bras au risque de faire brinqueballer ma cervelle dans mon petit crâne encore tout mou, il s'intéressait assez peu à son fils. Donner le bain, me nourrir, me changer, tout ça, c'était une affaire de bonnes femmes. Lui, ce qu'il voulait, c'était gagner sa vie avec les autres, sur le terrain. Adeline ne lui posait pas de questions à ce sujet, car il s'énervait rapidement. Sanguin, le jeune Johnny n'aimait pas qu'on l'asticote.

Peu à peu, ma mère s'est étiolée dans son trou à rat. Elle n'avait même pas une chambre à elle, pas de petit coin, aucune affaire qui lui appartienne vraiment. Les moindres aspects de sa vie, de ses pensées, de ses actes, étaient soumis au regard de la communauté. Comme elle ne faisait pas partie de leur monde, Adeline était jugée au moindre faux pas, moquée pour sa maladresse, son déhanché raide au son du flamenco, ses nombreux impairs et son ignorance de coutumes qui paraissaient naturelles à tout le monde, sauf à elle.

Il faut dire que sa belle-mère ne lui facilitait pas la tâche. D'humeur changeante, la vieille gitane couvait son fils d'un œil jaloux et trouvait toujours à redire sur la façon dont sa bru occupait ses journées. Lorsqu'elle était de bonne humeur, elle infantilisait Adeline en la traitant comme les nombreuses autres jeunes filles de la communauté, et la reprenait sans ménagement sur ses qualités de mère. Elle lui volait sa place auprès de moi en mélangeant les rangs des générations où les grands-mères pouponnaient tandis que leurs ados de filles avaient l'air d'éternelles grandes sœurs auprès de leurs nouveau-nés.

Bref, ce n'était pas la joie. Adeline ne voyait plus du tout ses propres parents, et l'austérité de cette éducation qui lui pesait tant a même fini par lui manquer lorsqu'elle tentait désespérément de trouver le sommeil au cours de veillées interminables qui ne semblaient déranger personne, sauf elle. Adeline avait grandi dans le calme, elle n'avait pas inscrit en elle le sang chaud de la collectivité ni l'âme bouillonnante de cette effrayante famille qu'elle venait d'intégrer. Sa jeunesse compensait la fatigue et les difficultés d'adaptation à cette nouvelle vie, mais pour combien de temps ?

La raison pour laquelle elle tenait bon malgré tout, vous vous en doutez : elle aimait passionnément son fils. Eh oui, ce germe d'amour maternel qui avait éclos dans sa poitrine lorsqu'on avait déposé contre ses seins pleins de lait le petit être chiffonné qu'elle découvrait à peine… Ce germe grandissait et s'étoffait de jour en jour, prenait de la puissance, une vigueur étonnante, jusqu'à devenir un arbre profondément enraciné au cœur de la tempête. Privée de ses propres racines, ma mère creusait les miennes avec la rage du désespoir, à mains nues, les ongles souillés de terre et les joues marquées par des sillons de larmes amères. L'amertume de découvrir que la vie n'était pas si jolie que ça, qu'elle était même drôlement abrupte, dure, âpre. Que personne ne la protégeait vraiment, ni dieu, ni ange, ni même ses parents. Livrée à elle-même et à la folie tsigane, Adeline se raccrochait tant bien que mal au feu de mes yeux sombres en tentant de retrouver la profondeur de mon premier regard, celui qui l'avait rendue mère dans le creux de ses entrailles.

Cet amour-là était sincère, tendre et authentique. Mais il n'a pas suffi.

5

Nous arrivons dans le dur, la partie sombre de mon histoire. Tout le monde l'abrite, cette noirceur. Vous aussi. Mais chez certains, elle est spectaculaire. C'est alors qu'elle fascine, hypnotise et révulse à la fois, comme un miroir grossissant de toutes nos névroses.

Je n'ai pas choisi mes gènes, vous non plus, a priori. Pourtant, nous portons tous le poids de nos origines, les angoisses et les fautes de nos ascendants. Savoir jusqu'à quel point ils nous hantent, c'est une autre histoire. La mienne en tout cas, la voilà, vous en penserez ce que vous voudrez.

Johnny ne rentrait pas tous les soirs retrouver Adeline, il rentrait même de moins en moins. Au début, ma mère s'en offusquait, protestait, et ses reproches volaient comme autant de missiles vers les oreilles de son jeune mari indifférent à cette logorrhée typiquement féminine, selon lui. Lorsqu'il était d'humeur joyeuse, il se moquait d'elle. Les jours plus sombres, il repartait aussitôt, incapable de se représenter le quotidien et les besoins d'Adeline, qu'il avait pourtant installée ici sans lui laisser d'autre choix possible.

Les mois passants, ma mère s'est mise à sortir un peu, à revoir quelques amies de sa vie d'avant. Elle me confiait alors à l'une de ses nombreuses belles-sœurs, de préférence Sabrina, une brune généreuse qui avait presque le même âge qu'elle, trois enfants accrochés à ses basques et des yeux rieurs. Sabrina était une vraie gentille et une des seules de la communauté à ne pas faire de différence entre ma mère et les autres. Elle la considérait réellement comme une des leurs, et Adeline, en sa présence, goûtait au bonheur apaisant de ne pas se sentir jugée, de s'autoriser à être elle-même.

Les rares sorties de ma mère ne passaient cependant pas inaperçues, et elle finit par y renoncer assez rapidement, autant pour échapper aux reproches latents de sa belle-mère que pour ne plus se confronter aux réflexions maladroites et désolées de ses anciennes amies avec lesquelles elle ne partageait au fond plus grand-chose. Ses problématiques familiales et maternelles les ennuyaient à mourir, alors qu'elles-mêmes ne pensaient qu'à leur prochain flirt ou aux vêtements qu'elles pourraient se payer grâce à un premier petit boulot dont elles n'étaient pas peu fières. Leur semi-indépendance renvoyait Adeline à un monde perdu, un vieux rêve inaccessible, et cette sensation devint si désagréable qu'elle préféra couper court en renonçant simplement à les voir.

Elle s'étiolait. Johnny ne s'intéressait à elle que lorsqu'il avait envie d'assouvir une envie pressante, toujours à la va-vite, entre deux portes, sans aucune tendresse. Où étaient les gestes maladroits de leurs débuts ? Où avait-il appris à faire l'amour ainsi, à lui balancer des mots crus, des positions indécentes qui la faisaient rougir le lendemain ? Il se montrait directif et brutal, toujours impatient. Durant ces moments-là, Adeline se sentait autant désirée que méprisée, et alors un grand vide se creusait dans sa poitrine. Une amertume qui avait le goût de la honte, de plaisirs cachés, sales. Si parfois un désir animal se réveillait lorsqu'il la prenait sans ménagement, une fois l'acte passé, elle se sentait invariablement nauséeuse. Et seule. Si profondément seule qu'elle en avait envie de crever. Si je n'avais pas été là, elle se serait probablement enfuie depuis longtemps. Cette vie-là n'était pas digne d'elle. Et puis, elle me récupérait dans ses bras avides d'amour et de tendresse, elle se fondait dans l'innocence de ma peau douce et enfouissait ses larmes dans les plis de mon cou. Mon odeur de bébé l'apaisait instantanément. Je vous dis qu'elle m'aimait, pour de vrai. Un amour de maman comme dans les livres d'enfant, elle qui en était presque encore une.

Avec le temps, une obsession s'était peu à peu emparée d'Adeline. Elle voulait récupérer Johnny, l'avoir à elle toute seule. Quitter la communauté et fonder une vraie petite famille à trois, voilà son rêve de jeune fille qu'elle parvenait enfin à élaborer. Elle en a parlé à son mari, timidement d'abord, avec la peur qu'il se moque d'elle. Puis, comme il ne disait rien, elle a persévéré. Chaque jour ou presque, elle lui lançait une allusion, une envie, une idée de travail qui lui aurait permis de gagner un peu de sous pour payer une caution, une amie qui lui avait parlé de logements sociaux, oh ! un petit studio ferait l'affaire au début… Quand on avait vécu dans un endroit comme celui-ci, où tout le monde vivait chez tout le monde, on pouvait bien se contenter d'une seule pièce. « On y serait bien, avec de jolis rideaux aux fenêtres et des couleurs vives, j'ai tant besoin d'un petit coin à moi », lui susurrait-elle.

Je suppose que son jeune âge ne lui a pas permis de déceler à temps la lueur noire qui s'allumait dans les yeux de Johnny chaque fois qu'elle manifestait ses désirs d'indépendance. Il ne disait rien, certes, mais il aurait mieux valu. Qu'il la prévienne, au moins. Qu'elle sache à quoi s'attendre. Mais non. Il n'a rien dit, il attendait son heure sûrement. Ou plutôt celle de ma mère.

Peut-être a-t-il mal interprété sa demande, peut-être a-t-il cru qu'elle voulait s'enfuir avec moi, qu'en voulant quitter les siens, c'était lui qu'elle menaçait d'abandonner ?

Le cerveau un peu primaire de mon géniteur n'a pas cherché à analyser tout cela. Le rôle de la mère, de la famille, tout ça ne le tracassait pas, puisqu'il n'y avait qu'une seule façon de voir le monde, la sienne. Point. Et à la limite celle de sa mère à lui, mais comme elle partageait son point de vue, ça ne posait pas de problèmes.

Mon premier anniversaire approchait, et une grande fête était prévue pour cette occasion. J'ai en ma possession une photo de cette soirée-là, aux couleurs un peu passées, pas tout à fait nette, mais suffisamment pour saisir l'atmosphère et les expressions des uns et des autres. Moi, je suis tout petit, perdu dans les bras de ma grand-mère, j'ouvre des yeux ronds sur ce monde bruyant et coloré dans lequel je baigne depuis ma naissance. Je n'ai pas l'air inquiet, plutôt curieux et particulièrement sage, comme si je savais qu'il fallait me tenir à carreau pour ne pas peser plus encore sur les épaules de mes jeunes parents perturbés. C'est une photo de groupe, et ils sont chacun à une extrémité du cliché, mon père, les bras croisés, l'air arrogant et fier de celui qui se sent à sa place sans être tout à fait assez légitime pour savoir l'imposer naturellement ; ma mère, plus en retrait, les yeux éteints, le sourire inexistant. Une ombre noire sur le haut de sa pommette droite me laisse penser que Johnny avait déjà commencé à la frapper.

Il est passé directement du silence aux poings, sans intermédiaire. Je pense que c'est là que ma mère aurait dû s'enfuir, quitte à me laisser sur place. Finalement, c'est un peu de ma faute tout ce qui est arrivé. Oui, oui je sais, vous allez me dire que je n'y étais pour rien, que je n'étais qu'un bébé qui n'avait rien demandé et surtout pas à naître dans ces conditions, mais voyez-vous, ça fait partie des choses qu'on ne maîtrise pas, dans la vie. Cette culpabilité-là, aussi inutile soit-elle, je la porte encore.

Ma mère est morte le 8 juillet 1973 sous les coups de mon père.

J'ai été confié à mes grands-parents maternels qui ont réclamé et obtenu une garde exclusive jusqu'à ma majorité.

Ne faites pas cette tête, je vous avais prévenu que vous n'aimeriez pas mon histoire. Maintenant que vous en savez un peu plus sur moi, passons à l'essentiel.

6

Je reviens donc à l'année de mes trente ans, en 2002, si vous avez suivi. Bien sûr, j'aurais pu vous raconter tous les déboires de mon enfance, la préparation annuelle de la sacro-sainte fête des Mères à l'école, le regard gêné de la maîtresse et celui, curieux, plus intrusif, de mes camarades lorsqu'il fallait illustrer un petit poème intitulé « Toi, ma jolie maman ». Je le donnais à ma grand-mère, mais je ne la trouvais pas jolie du tout. Ses cheveux gris et les plis d'amertume qui lui barraient le visage ne laissaient pas le moindre doute sur son âge, et il était incompatible avec celui d'une maman.

Je l'aimais bien quand même, malgré toutes ses maladresses. Elle et mon grand-père étaient mes seuls repères, puisque ma mère ayant été tuée au sein de la communauté gitane, le juge avait interdit tout contact avec ma famille paternelle.

Bref, je me suis construit tant bien que mal, comme tout le monde. Avec des failles, des manques, de la rage et un appétit de vivre hors normes. Le plus dur n'était pas le manque de mes parents, puisque je ne les avais pas connus. Non, le plus dur, c'était ce sentiment constant d'être à côté de la plaque, différent. Ce sentiment de vivre dans un monde parallèle, du mauvais côté du miroir.

Je me suis toujours juré que si j'avais des enfants un jour, ils ne ressentiraient jamais ça. Traverser le miroir. Ils resteraient toujours du bon côté. Ce que j'ignorais alors, c'est à quel point la vie pouvait être une garce. Parce que le miroir en question, on pouvait le traverser de mille autres manières, je l'ai encore appris à mes dépens.

Mais je m'égare à nouveau, veuillez m'en excuser.

Nous sommes donc en 2002, je n'arrive pas à dormir malgré le calme qui règne au rez-de-chaussée. Habituellement, à cette heure-là, Victor pétrit ses miches au son de « Fonky Family ». Je gueule un peu pour le principe, mais, en réalité, c'est surtout pour aller griller une clope avec lui sur le trottoir.

Je me gratte la tête en cherchant quel prétexte je pourrais trouver pour le rejoindre. Même Gary se tient à carreau ce soir, ce calme inhabituel me porte sur les nerfs. Je repousse mon drap d'un geste vif, enfile un bas de jogging et attrape mes clés sur le petit meuble de l'entrée. Gary halète et sautille autour de moi en me mordillant les orteils. Une sortie imprévue, c'est toujours une aubaine pour lui. Ce chien me rendra fou, je ne sais pas ce qui m'a pris d'accepter son adoption. C'est un genre de labrador croisé avec une espèce aussi indocile et prompte à faire des conneries que la sienne. En quelques mois, il a dévasté mon appartement.

Il saute sur la poignée de la porte d'entrée en couinant d'impatience.

— Gary, calme ! Ferme-là !

Il me regarde comme si j'étais son dieu vivant et gémit de plus belle. Je vais encore me faire engueuler par ma voisine. Quelle casse-pieds, celle-là aussi, il faut dire. Je suis sûr que cette vieille bique m'épie toute la journée derrière l'œilleton de sa porte.

J'entrouvre le battant et Gary se rue dans l'escalier comme s'il n'était pas sorti depuis des semaines. J'essaie de crier en chuchotant, mais ça ne marche pas. Il ne m'écoute pas et sa queue disparaît dans l'escalier. J'espère que la porte d'en bas est fermée. Je siffle pour le rappeler à l'ordre, et j'entends presque instantanément le cliquetis de la serrure de la vieille Mme Croze. Je tente une fuite en avant, trop tard. Elle m'interpelle de sa voix nasillarde.

— Et alors, Alexandre, vous avez vu l'heure ? Y en a assez de votre *cadèou* ! Tous les soirs c'est le même cirque !

— Désolé, madame Croze, je ferai plus attention la prochaine fois. Je dois vous laisser, sinon il va se sauver dans la rue.

— *Vaï,* ça serait pas une grande perte ! Laissez-le filer une bonne fois pour toutes ce fada…

Elle continue de rouméguer toute seule en refermant la porte, j'en profite pour dévaler les marches de plus belle. Je ne peux pas lui en vouloir, Gary et moi ne sommes pas franchement discrets.

Victor ne ferme jamais sa porte. Je l'entends pester contre mon chien alors que j'entre à mon tour dans son fournil.

— Putain, mais c'est pas possible, ce clébard ! Tu m'as foutu de la farine partout ! Alex !

L'odeur du pain chaud me fait saliver et je lorgne sur les pains à enfourner, sagement alignés sur le plan de travail de Victor. Malgré son jeune âge et ses dehors rebelles, il travaille à l'ancienne et utilise toujours l'antique four à bois de son prédécesseur, le vieil Emilio, que regrettent tant mes voisines Mireille Brunet et Rosalie Croze. Ces deux-là sont inséparables. Elles vont toujours par deux, comme un couple de perruches.

Elles en ont le bagou, le ramage et parfois même le plumage, surtout lors des jours de fête traditionnels pendant lesquels elles « s'habillent » fièrement. S'habiller, ici, ça veut dire se costumer en arlésienne, et attention, on ne rigole pas avec *lou costume*, j'en sais quelque chose. Malgré le deuil de sa fille partie beaucoup trop tôt, ma grand-mère a tenu chaque année à se vêtir patiemment de ses plus beaux atours pour défiler dans les rues d'Arles et faire honneur à sa Provence natale. J'adorais caresser les rubans de velours, pièce majeure de sa coiffe qu'elle arrangeait avec mille précautions autour de son visage ridé. Je sens encore sous ma paume d'enfant la douceur des tissus chatoyants que je pressais ensuite contre mes joues en cherchant quels animaux s'y trouvaient représentés. Ensuite je m'énervais, c'était trop long, alors je me fabriquais des capes de superman avec son châle croisé et, bien entendu, je me faisais engueuler. Ça reste de beaux souvenirs malgré tout et, chaque année, je ressens un petit pincement au cœur lorsque démarre la féria. Mes origines sont là, définitivement, ancrées au cœur de cette petite ville du sud, ses arènes mythiques explorées la nuit en secret avec mes potes pour le frisson de l'interdit, ses rues un peu sales, son marché du samedi, ses grappes de gitan. Mes origines, je vous dis.

Victor caresse la tête de Gary, mi-figue mi-raisin. Il adore mon chien malgré son aptitude infinie à la connerie. Encouragé par ce geste sympathique, Gary se dresse et plaque ses pattes avant sur le torse de mon ami en lui léchant vigoureusement le menton. Sa queue balaie au passage le restant de farine qu'il avait déjà commencé à étaler partout. Un nuage blanc vole, j'éternue. Victor recommence à crier puis jette l'éponge, foutu pour foutu, il préfère profiter de mon canidé insatiable et s'abandonne à ses assauts de tendresse.

— Allez, viens ! Je fais une pause. De toute façon, ton satané clébard vient de foutre en l'air ma dernière fournée.

— Pour la peine, je t'offre une clope.

— Tu es trop bon. Allez, ouste, sors de là, toi !

Il fait mine de donner une claque sur le museau de Gary, qui s'enfuit en couinant.

— Comme si je l'avais déjà frappé ! Quel cinéma !

On rigole, tous les deux. C'est simple entre nous. Pas de grands discours, pas d'obligations, juste un respect mutuel et une complicité qui grandit au fur et à mesure de nos échanges nocturnes.

Le bar voisin vient de fermer, un petit groupe de gars s'éloigne en titubant. L'un d'eux s'arrête et se penche contre le mur. Il vomit, les autres se moquent de lui.

— Super. J'espère qu'ils vont nettoyer les rues demain matin, c'est dégueulasse.

— Ouais.

— Bon, tu racontes quoi ?

— Rien de plus, la routine.

— Niveau boulot, du nouveau ?

— Ne parlons pas des sujets qui fâchent. L'agence d'intérim vient de me trouver un poste qui fait rêver…

— C'est-à-dire ?

— Un trois-huit à l'usine de carton, dans la zone industrielle. C'est cool, non ?

Victor éclate de rire. Il se fout de moi et ça me fait du bien, cette légèreté.

— Comme ça, tu comprendras ce que je vis ! Moi aussi, je bosse la nuit, mon vieux.

— T'emballe pas. J'ai pas encore accepté, hein.

— Tes droits au chômage expirent le mois prochain. Tu t'en fous, Alex, c'est un job alimentaire. Ça te fera un peu de sous en attendant de sortir la tête de l'eau. Déconne pas, si tu t'en vas, avec qui je ferai ma pause de une heure du mat' moi ?

— Tu trouveras un autre paumé…

— T'es pas un paumé, Alex. Juste un mec qui n'a pas encore trouvé sa voie, c'est tout.

— À trente balais, y en a qui sont déjà au sommet, mon pote. Moi, je végète. Pas de boulot, pas de nana, pas de gosses…

— Tu voudrais fonder une famille ? Toi ?

Il me regarde du coin de l'œil en tirant sur sa cigarette. Le bout incandescent éclaire un instant son visage et une lueur gentiment moqueuse illumine ses traits. Son sourire est doux.

— Ça alors, jamais je n'aurais cru…

Le reste de sa phrase reste en suspens. Il connaît mon histoire, je lui ai raconté mes tristes origines un soir où il ne travaillait pas. J'avais un peu trop bu, j'étais triste et amer, comme cela m'arrive parfois. Il m'a écouté gravement et m'a tapé sur l'épaule en me disant que j'étais un mec bien. Ça m'a réconforté.

Moi non plus, je ne pensais pas que ça m'arriverait un jour, cette envie-là. Je n'ai jamais cherché à analyser d'où ça me venait. Un besoin de réparation, comme disent les psys ? J'en ai vu tellement quand j'étais petit, ils me sortent par les yeux. Ou alors tout simplement l'évolution naturelle d'un mec qui vieillit et qui a envie d'avoir une descendance. À mon âge, ça faisait déjà plus de dix ans que mon père croupissait en prison. Je m'en sors quand même mieux que lui.

Il vit toujours ici. Je ne l'ai jamais revu et je n'y pense pas. Pour moi, c'est presque comme s'il n'avait jamais existé, à part pour mettre le boxon dans ma vie. Il fait partie de mes zones d'ombre, de mon reflet interdit dans un miroir inversé. Quand j'étais petit, je l'imaginais comme la sorcière Maléfique avec ses deux grandes cornes noires et ses yeux jaunes haineux. Moi, j'étais le prince sur son cheval blanc qui arrivait pour sauver ma mère. Et puis je me réveillais.

La vie, ce n'est pas un conte de fées.

7

— Salut, Victor.

— Salut, mon vieux, tu vas bien ?

— Ouais. File-moi un jambon beurre, je suis pressé.

— Pressé comment ?

— Comme un mec qui va démarrer un nouveau job.

— Oh ? La cartonnerie ?

— Nan, ça, j'ai pas pu. Même pour le fric, les trois-huit, c'était juste pas possible. Et puis, tu imagines mon Gary tout seul la nuit ? Il vous aurait rendus dingues.

La voix chevrotante de Mme Croze retentit derrière moi, je ne l'avais pas vue dans la file d'attente, toute ratatinée derrière ses grosses lunettes et son panier.

— Vous n'allez pas nous faire ça, Alexandre ? Je vous préviens, si votre satané *cadéou* aboie toute la nuit, moi, j'appelle la fourrière !

— Mais non, Rosalie, ne vous en faites pas.

Je parle un peu plus fort parce qu'elle est sourde comme un pot.

— Je disais à Victor que j'avais trouvé un nouveau travail la journée, pas la nuit !

— Ah d'accord, c'est bien, c'est bien. Et qu'est-ce que vous allez faire, alors, maintenant ?

Elle m'agace avec sa curiosité incessante. Ici, tout le monde connaît mon histoire, enfin, tous les anciens, je veux dire. Je suis l'enfant du pays et ils se sentent un peu responsables de moi et de mon destin minable.

— Je vais tenir un magasin de souvenirs en face des arènes. Vous savez, les attrape-couillons pour touristes, avec les tissus provençaux, les savons à la lavande et les cigales en poterie ?

Je cligne de l'œil, elle rigole.

— *Vaï*, mais c'est très bien ça ! Bravo, mon petit Alexandre, ta grand-mère aurait été fière de toi.

Elle me tutoie à nouveau comme si j'avais quatorze ans. Ça ne me gêne pas. Je m'efface pour que Victor la serve et qu'on puisse papoter tranquille. Elle me fait l'effet d'une surveillante générale, j'ai toujours l'impression d'avoir fait une connerie en sa présence. Gary aussi se tient à carreau. Il la regarde par en dessous et recommence à remuer la queue une fois qu'elle franchit enfin la porte de la boutique, son pain sous le bras.

— Bon, alors raconte, comment tu as trouvé ce plan ? C'est bien payé ?

— Ça va, c'est honnête. En tout cas, ça me permettra d'honorer mon loyer et de continuer à venir t'emmerder pendant ta pause.

— Parfait.

— Par contre, je vais devoir garder Gary avec moi au magasin, je fais des horaires de fou : dix heures à dix-huit heures l'hiver, dix heures à vingt heures l'été, du mardi au samedi. J'espère qu'il va tenir.

— Je viendrai le chercher sur mon temps libre la journée. Je le ferai courir avec moi, si tu veux.

— Super, on fait comme ça.

Je lorgne avec envie vers les biceps de Victor. Une musculature pareille, ça s'entretient. Il faut du mental pour ça. Moi, je rêvasse sur mon canapé en sirotant une bière bien fraîche, je suis bien trop flemmard pour envisager une quelconque discipline sportive. J'ai la chance d'être grand et pas trop mal foutu, je m'en contente même si la trentaine commence à me travailler.

Il y a du monde ce matin à la boulangerie, je m'éclipse et file sur les quais du Rhône avec Gary. Je le tiens en laisse parce qu'il a pris la sale habitude de courir derrière les chats pelés du quartier et, en général, ça finit mal.

Il fait un temps superbe malgré le froid sec de ce mois de février. Le ciel d'un bleu dur ne fait pas mentir les tableaux de Van Gogh. Je vais en vendre, de la carte postale du peintre à l'oreille coupée…

Gary couine au bout de sa laisse et m'implore de ses grands yeux dorés.

— Bon, d'accord, je te libère. Mais tu restes sage, hein ?

Sitôt délivré, mon jeune chien fou sautille autour de moi, me lèche les doigts, jappe de plaisir et court derrière les pigeons. J'aperçois un vieux chat noir qui grimpe aussitôt dans un arbre. Gary ne l'a pas vu, je souffle. Je m'assieds sur le vieux parapet en pierre et contemple le fleuve sombre et brillant. Le même depuis toutes ces années, celui qui m'a vu naître et grandir, celui qui a vu ma mère tomber amoureuse et puis en mourir, celui qui a assisté à la déchéance de mon père, aux rumeurs, au scandale, à ma honte d'être issu d'un pareil monstre. Il m'observe toujours, de l'autre côté du miroir. Parfois, je me demande si c'est une bonne idée de vouloir faire des gosses. Et si je transmettais à mon insu le gène de la violence, de la haine ? Est-ce que ça se transmet par les gènes, cette tare ? Tuer quelqu'un, ça arrive comment ? Est-ce qu'on porte ça en soi dès la naissance, cette possibilité d'anéantir un autre humain ? Ou bien est-ce qu'on l'a tous, tapie dans nos cellules, cadenassée par nos principes et notre éducation ? La vieille Mme Croze, par exemple, est-ce qu'elle serait capable de tuer quelqu'un ? Je ne peux pas m'empêcher de sourire à cette idée. Elle est si frêle, et puis sa mauvaise humeur n'est souvent qu'un prétexte pour venir me parler, au fond, elle n'est pas bien méchante. Côté délit de sale gueule, Victor serait déjà un candidat plus intéressant. Son crâne rasé et ses tatouages dissuadent l'envie d'aller le chatouiller. Pourtant, j'ai rarement rencontré quelqu'un de plus doux. Lui non plus n'a pas eu une histoire facile. Il n'a jamais connu son père. Peut-être est-ce la raison pour laquelle on s'entend si bien, tous les deux : l'absence de repère paternel, ça forge des liens. Bon, moi, je n'ai pas eu de mère non plus, mais la sienne n'avait pas l'air terrible, à changer de mec et de ville tous les six mois. Je crois qu'en ce moment, elle est partie en Afrique sur les vagues promesses d'un promoteur qui lui a fait miroiter des contrats en or, paraît-il. Victor m'a raconté ça d'un air détaché, mais je sens bien qu'il enrage. Il voudrait pouvoir protéger sa mère contre tous ces types qui profitent d'elle, de sa naïveté, de sa beauté qui se fane avec les années et qui la rend plus vulnérable. Mais il ne peut pas. Il ne peut rien faire de plus que moi contre les poings du père. C'est la fatalité.

Alors, il s'est construit de gros muscles et une gueule qui fait bien peur, ça éloigne au moins les parasites et puis ça draine ses angoisses à lui, ce qui n'est déjà pas si mal.

J'ai froid aux fesses à cause de ces vieilles pierres humides, mais je n'arrive pas à partir. L'eau m'apaise. Le niveau du fleuve est haut en hiver, il ne doit pas être loin des cinq mètres. On dirait un énorme ruban argenté qui sillonne entre les vieilles maisons fatiguées. C'est beau.

— Sale chien !! Lâche ça tout de suite, dégage !

La voix féminine suraiguë qui piaille juste derrière moi me fait lever d'un bond. Qu'a donc encore fait mon pauvre Gary ? Au début, je ne distingue rien d'autre qu'une masse de cheveux blonds ébouriffés penchée en avant, puis des mains blanches, assez petites et frêles, qui tentent vainement de retenir une longue jupe verte en velours façon rideau, dont les fanfreluches et pompons colorés ont leurré mon jeune chien qui les a pris pour ses joujoux. Il tire dessus gentiment en jappant de plaisir, croyant avec ferveur que la jeune personne, qui pourtant lui gueule dessus, veut jouer avec lui.

— Gary ! Au pied !

Elle redresse alors la tête, les joues rouges et le regard furieux. Dieu qu'elle est belle. Je l'aime aussitôt.

— Il est à vous, ce connard de chien ? Vous pouvez pas le tenir en laisse comme tout le monde, il vient de bousiller ma jupe !

— Honnêtement, ça ne serait pas une grande perte, si ? Elle est vraiment moche.

Je ne sais pas ce qu'il m'a pris de lui dire ça, la nervosité me rend souvent débile, ou alors j'ai voulu minimiser l'incident ? En tout cas, c'est raté, elle hurle de plus belle, ce qui la rend encore plus jolie. Au même moment, Gary, que cette voix de crécelle finit par agacer, se saisit d'un pan plus confortable de tissu et tire dessus d'un coup sec, ce qui me permet d'admirer illico la mignonne culotte en dentelle de la demoiselle. Ses cuisses aussi blanches que ses mains me font un effet que je m'efforce de cacher à tout prix, manquerait plus qu'elle me prenne pour un pervers. Là, pour le coup, je suis obligé de m'excuser platement, mais je pouffe de rire, c'est incontrôlable.

Aussi rouge de colère que de honte et contre toute attente, la jeune fille remonte prestement sa jupe et me rejoint dans mon fou rire. Je crois qu'on n'avait plus que ça à faire tous les deux pour ne pas perdre la face.

— Avouez, vous l'avez dressé ? Il fait ça à toutes les filles pour vous permettre de mater leur cul ?

— Seulement les plus jolies !

— Que vous êtes ringard, non, mais franchement !

— Ouais, je sais. Venez, je vous offre un café, ça vous permettra de réchauffer vos fesses.

Et on est partis bras dessus bras dessous, comme si on se connaissait depuis toujours.

C'est ainsi qu'Emma est entrée dans ma vie.

8

Et voilà que s'ouvre la plus belle période de mon existence. Enfin ! me direz-vous. Une embellie, un carré de ciel bleu, un karma, une roue ou que sais-je, qui se met à tourner dans le bon sens. Parce qu'avec cette enfance pourrie, tous ces drames et ce chômage, ça commençait à bien faire.

Je coche d'un coup toutes les cases qui me manquaient, en quelques mois à peine, à tel point que j'ai du mal à y croire. D'ailleurs, Victor se fiche de moi quand je débarque au petit matin dans sa boulangerie, le sourire béat et le sourcil broussailleux.

— Alors, l'amoureux ? Tu veux un croissant pour ta belle ?

— Et une brioche pour moi, s'il te plaît.

— Vu ton sourire, y en a un qui a passé une bonne nuit, je me trompe ? Je ne te vois plus beaucoup sur ma pause clope, hein ?

— Désolé, mon vieux, c'est vrai que je te fais faux bond en ce moment… Mais, entre le magasin toute la journée et les expos d'Emma, on n'a pas beaucoup de temps…

— Je te taquine ! Je suis super content pour toi. Même Gary est devenu sage, c'est fou ça ! Elle a réussi à vous équilibrer tous les deux, cette Emma, c'est une fée !

— Tu ne crois pas si bien dire. Je l'adore, mon pote, elle me rend dingue.

Je suis fou d'Emma, oui, et pas seulement pour ses petites culottes en dentelle qu'elle fait sécher sur mon mini balcon. Quand Mireille arrose ses géraniums, elle n'en finit pas de loucher dessus, ça m'amuse.

Depuis ce jour magique de février où j'ai décroché à la fois un boulot et un grand amour, je vois la vie avec des lunettes roses, moi, Alex le paumé, le mal-aimé, le pauvre *mino* dont les amies de ma grand-mère avaient pitié.

Alors je commence à y croire, sans parler de revanche non, faut pas exagérer, mais je me dis que j'y avais droit aussi, à mon petit coin de paradis. Pas bien grand le petit coin, mon studio ne doit pas excéder les trente mètres carrés, mais qu'est-ce qu'on y est bien. Je crois qu'avec Emma, on a testé tous les recoins possibles pour y faire l'amour, le lit étant certes confortable, mais bien trop conventionnel pour nous. Surtout pour Emma, qui est une artiste dans l'âme. Non reconnue, enfin pas encore, mais je suis sûr que ça viendra. Elle transforme en magie tout ce qu'elle touche, et notre espace à vivre s'est peu à peu mué en un gigantesque atelier. Elle peint, colle, découpe, projette, dessine des fééries de couleurs et de formes. Le soir, quand je rentre, il n'est pas rare que je la retrouve l'œil rond, plantée devant une toile, les cheveux couverts de paillettes ou d'une autre matière improbable dont elle aura abusé, ayant oublié de manger et de boire et me sautant au cou pour que j'admire ses nouveaux bébés de la journée.

C'est mon illusionniste, ma fée Clochette, magicienne d'un quotidien qu'elle parvient toujours à sublimer du haut de ses vingt-trois ans, et d'une candeur en perpétuel renouvellement. Je m'émerveille, me demandant d'où lui viennent cette pêche extraordinaire, cette folie des grandeurs adorable, ces idées débordantes, cet enthousiasme à mon égard, ce refus des convenances et cette humeur joyeuse permanente. Ça dure depuis plus de six mois comme ça. Un rêve éveillé, je vous dis.

Mais il paraît que les maudits se reconnaissent entre eux et s'attirent, tels des papillons noirs emportés dans une mauvaise lumière. La belle histoire et mes espoirs ont volé en éclat lors d'une soirée grise de décembre, l'année suivant notre rencontre. Mais, je vous raconterai ça plus tard. Pour l'instant, laissez-moi profiter encore de tous ces beaux souvenirs. Parce que, même si la suite s'est ternie, ils ont été fondateurs.

— Ma puce, tu n'as pas vu mes chaussures ? Je suis en retard.

— Dans la gueule de ton chien, il y en a au moins une.

— Oh merde ! Gary, donne-moi ça !

— Ça ne sera pas une grande perte, elles sont affreuses.

— Très drôle ! En attendant, c'est ma seule paire mettable, je fais comment ?

— T'as qu'à y aller en tongs, les touristes seront contents. Relax, mon chat, t'es tout tendu, qu'est-ce qu'il y a ?

Elle se love contre moi et me caresse la nuque en me bécotant le cou. Je réponds aussitôt présent, et elle s'en amuse, ma petite dresseuse de serpent.

— Emma, je suis en retard…

Je gémis et la plaque contre le mur. Elle rit, ses petites dents blanches brillent et sa langue rose cherche la mienne. Nos étreintes sont fougueuses, passionnées, tendres et torrides. J'ai à chaque fois envie de la posséder et de lui donner ce qu'il y a de meilleur en moi. Elle ne connaît que l'Alex lumineux, gentil, drôle et attentionné. Il n'y a que celui-là qui soit digne d'elle. L'autre, le perturbé, le sombre, le cas social, j'aimerais qu'elle ne le rencontre jamais. J'ai commencé à lui parler de mon enfance, par petites touches, délicatement, comme on feuilletterait un album de famille sans trop s'appesantir sur les oncles et les tantes dont on n'est pas trop fier, les cousins vicieux, les tares et les non-dits derrière les sourires de façade. Elle a compris à demi-mot que l'histoire n'était pas simple et que c'était difficile pour moi de la lui dévoiler. Elle respecte, malgré toute son impudeur, cette nécessité-là. Je lui en voue une reconnaissance infinie.

Mon Emma. Si j'avais su alors que ma détresse cachée n'était rien en regard de la tienne. Aurions-nous poursuivi, aurions-nous pris ce risque ? Je n'en sais rien. Heureusement que la vie parfois se charge de décider à notre place. On ne vivrait pas, sinon. Ou pas assez.

— Ah, voilà la deuxième !

Je brandis fièrement ma chaussure avant de m'apercevoir en l'enfilant que mes orteils passent au travers. Les dents de Gary sont passées par là aussi.

Emma explose de rire devant ma mine déconfite. J'adore sa bouille de chatte repue après l'amour. Elle a alors dans le regard quelque chose de profondément satisfait, un apaisement venu du fonds des temps qui me bouleverse. Je suis encore trop chamboulé par notre brève étreinte pour me mettre en colère, et j'enfile une paire de tongs en plastique avant de dévaler les escaliers.

Hors d'haleine et transpirant après ma course improvisée, j'ouvre précipitamment mon petit magasin. « La Boutique Provençale », on ne peut pas faire plus kitsch, mais je m'y sens chez moi maintenant. J'ai beau n'être que le gérant par intérim, si la patronne s'aperçoit que je ne respecte pas les heures d'ouverture, elle ne me laissera pas de seconde chance. Et les secondes chances, c'est un peu l'histoire de ma vie, alors pas question de les laisser filer.

J'aime le son grinçant de la sonnette lorsque j'ouvre la porte avec mes clés dignes de la marâtre de Cendrillon, l'odeur piquante du savon à l'ancienne et des sachets de lavande, les tissus provençaux qui paradent dans la vitrine, mes cigales en terre cuite et mes posters de Van Gogh. Je suis situé juste en face des arènes, l'emplacement est idéal, c'est le parcours obligé du touriste en goguette. Les arènes, le théâtre antique, le musée Arlaten, la place du Forum, la cathédrale Saint-Trophime… Quand je leur vends des plans de ma ville, je leur explique les petits coins qu'il faut voir, je leur rappelle l'histoire de ces vieilles pierres, et la magie opère. Ils m'écoutent religieusement en hochant la tête et en me remerciant. Les fournées d'Asiatiques me prennent systématiquement en photo, et les couples de retraités me laissent souvent un petit pourboire supplémentaire avec la monnaie. Ils sont gentils, je les aime bien. Mes plus mauvais clients sont les Hollandais. Ils négocient tout, contestent les prix et n'achètent jamais rien, ou alors dans la boutique d'à côté. Ils m'agacent prodigieusement. Mais les pires de tous, ça reste encore les enfants gitans. En dehors du fait que ce sont des chapardeurs hors concours, la flamme vive que je lis dans leurs yeux me torpille à chaque fois. Je fais tout pour les éviter. La communauté gitane, je veux dire. Je ne me rends quasiment jamais aux Saintes-Maries-de-la-Mer, pourtant le lieu de villégiature favori des Arlésiens, et surtout pas lors du pèlerinage du mois de mai qui provoque l'arrivée massive de Tsiganes venus de l'Europe entière. En général, à cette période-là, je tombe malade, d'autant plus que ça coïncide à peu près avec ma date de naissance et que mes origines, je voudrais les oublier. Vraiment.

Je sais que j'ai les yeux noirs de mon père et sa peau mate. Je veux croire que j'ai hérité surtout du tempérament, de la douceur et de la sensibilité de ma mère. Mais qu'est-ce que j'en sais, au fond ? Il n'y a que Sabrina pour pouvoir témoigner de tout ça auprès de moi. Vous vous souvenez, je vous ai parlé d'elle, quand je vous racontais le calvaire de ma mère prisonnière d'une communauté hostile envers elle, sauf cette jeune femme, Sabrina. Une des nombreuses sœurs de mon père, déjà mère de trois ou quatre mioches à un âge où la plupart des jeunes filles rêvent juste de quitter leurs parents et de rencontrer leur prince charmant, cette autre arnaque de la société.

Bref, cette jeune gitane généreuse s'était prise d'amour pour ma mère et moi et, lorsque le drame s'est produit, elle a tout simplement refusé d'obéir au juge, à sa manière. Les premières années, elle m'a laissé tranquille, j'étais trop petit. Elle se contentait de m'observer de loin, elle surveillait les allées et venues de ma grand-mère, qui me promenait dans une vieille poussette le long des quais. Elle vérifiait que je grossissais et grandissais bien, que mes joues s'arrondissaient, que je n'avais pas l'air trop malheureux avec ce couple de vieux. Puis elle allait faire le compte rendu à sa mère, qui, malgré les circonstances, continuait de tenir pour responsable de tous leurs malheurs cette maudite gadji qui avait poussé mon père à bout, bien entendu. Le pauvre.

Lorsque je suis entré au CP, mon quotidien à l'école s'est considérablement adouci. Sabrina faisait partie du personnel qui surveillait la cantine et la garderie du soir à l'école primaire, et, même si je n'y restais pas souvent, elle rôdait dans l'école pour pouvoir m'approcher sans crainte d'être repérée. Elle avait longuement hésité à postuler, car, chez les gitans, ça ne se faisait pas trop de laisser ses enfants pour s'occuper de ceux des autres. Sa mère lui en a d'abord beaucoup voulu, puis, face à ses arguments imparables, elle a fini par accepter. De cette manière, on gardait un œil sur « le petit ».

Au début je n'ai pas prêté plus attention que ça à cette jolie dame brune qui me souriait si gentiment dès qu'elle me croisait. Elle sentait bon, une odeur sucrée qui m'était vaguement familière, mais que je ne cherchais pas à identifier plus que ça. Nos liens se sont franchement renforcés lorsque j'ai été victime d'une sorte de harcèlement de la part de mes camarades. Ils avaient compris que quelque chose clochait chez moi, sans parvenir à identifier ce dont il s'agissait, et les enfants, vous savez, c'est comme de petits animaux méfiants et peureux, quand ils ne comprennent pas quelque chose, ils fuient ou bien ils attaquent. Je préférais qu'on me fuie tout de même. En ce jour gris, lors d'une récréation ordinaire, trois ou quatre gamins ont fait un cercle autour de moi et se sont mis à crier en m'empêchant de m'éloigner. « Ils sont où, tes parents ? Pourquoi t'en as pas ? Elle est moche, ta grand-mère, elle a les pieds qui puent, et toi aussi t'es moche, personne ne t'aime, » etc. Et puis le plus chétif du groupe, se sentant galvanisé par la présence des autres, s'est mis à me rudoyer. Enhardi par les rires des plus grands, il m'a donné une claque et a essayé de baisser mon pantalon pour m'humilier jusqu'au bout. Les larmes aux yeux, je n'ai pas eu le temps de comprendre ni de réagir. J'étais comme sidéré par cette attaque soudaine et parfaitement injuste. En revanche, j'ai immédiatement senti le parfum sucré de Sabrina qui volait dans les plumes de mes jeunes agresseurs.

J'entends encore les accents de sa voix furieuse, je vois les éclairs de haine dans ses yeux et ceux, terrorisés, de mes camarades. Ils ne s'attendaient pas à déclencher une pareille fureur chez une adulte. C'était autrement plus effrayant que celle des enfants de leur âge, d'autant qu'ils n'étaient pas bien vieux ! Elle a menacé d'appeler leurs parents et les gendarmes, affirmant qu'ils finiraient tous en prison, car ils ne méritaient que ça ! Je pense qu'elle a semé de la graine de cauchemar ce jour-là, mais, après tout, c'était bien fait pour eux.

Lorsqu'elle s'est mise à ma hauteur en pliant ses genoux pour me consoler, quelque chose en moi a craqué. Pourquoi ses yeux étaient-ils si doux, pourquoi le ton de sa voix était-il si enveloppant, si affectueux ? Pendant quelques minutes, je crois que j'ai touché du doigt à quel point ma mère me manquait et ce que ça pouvait faire, d'être aimé comme ça. Comme un enfant par sa mère, cet enfant que je n'avais jamais cessé d'être même si la mienne avait disparu.

9

À partir de ce jour-là, une complicité nouvelle s'est nouée entre Sabrina et moi. On se ressemblait beaucoup physiquement et, avec le recul, je suis surpris que personne n'ait songé à faire le rapprochement. Elle aurait pu sans problème passer pour ma mère et, certains jours, je jouais à croire qu'elle l'était réellement. Quand je comparais son odeur de vanille à celle de ma grand-mère, plus proche de celle d'un vieux compost, j'avais envie de pleurer. Mes grands-parents ont fait leur devoir, mais ils ne se sont jamais remis de cette histoire. Perdre Adeline de cette manière, une première fois avec sa grossesse et sa fuite chez les gitans, et une deuxième fois, définitive celle-là, avec son assassinat par celui-là même qui, à leurs yeux, avait causé sa perte, c'était beaucoup trop dur. D'autant plus que, suite à son départ fracassant, ils ne l'avaient jamais revue, ne lui avaient jamais reparlé. Ils m'ont rencontré pour la première fois le jour où l'assistante sociale leur a ouvert les portes du centre dans lequel j'étais hébergé en attendant que le juge statue sur mon sort.

Depuis ma naissance en fanfare, ils ne m'avaient jamais revu, pas même en photo. Malgré toute leur bonne volonté, rien n'était donc réuni pour faire d'eux des parents modèles. Bon, je suppose que, si j'avais grandi au sein de la famille de mon père, cela n'aurait pas forcément été mieux, d'autant plus que l'identification que je redoute déjà sans le connaître aurait été encore plus menaçante. C'est pour ça que je crains autant les yeux noirs des enfants gitans qui entrent dans mon magasin. Ils me renvoient beaucoup trop violemment à cette vie possible, à celui que je suis peut-être encore au fond de moi.

Un jour, j'ai eu une discussion avec un garçon d'origine maghrébine à ce sujet. Il était à fleur de peau, malheureux. Pour obtenir un poste, il avait légèrement modifié son prénom pour le franciser, et ses parents lui en voulaient à mort. « Tu vois, m'avait-il avoué, c'est le reflet de toute ma vie : quoi que je fasse, où que je me trouve, j'ai toujours le cul entre deux chaises, entre deux cultures, entre deux identités. Je ne me sens jamais à ma place, je culpabilise, j'ai toujours envie de m'excuser d'être la personne que je suis. »

J'avais failli le prendre dans mes bras tant je me suis senti proche de lui à ce moment-là. Je comprenais tellement ! C'est exactement ce que je ressentais depuis ma plus tendre enfance. Jamais à ma place. Nulle part.

Avec Sabrina toutefois, les angles de ma réalité s'adoucissaient. Parvenue à gagner ma confiance depuis ce jour mémorable où elle a fait battre en retraite les garnements qui m'avaient cherché des noises, elle ne m'a plus jamais lâché et s'est imposée dans ma vie en coulisses, comme la marraine de Cendrillon et ses formules abracadabrantes. J'adore Walt Disney, oui, vous l'aurez compris. Probablement pour le rêve, et pour rester du bon côté du miroir, au moins pendant quelques instants. Emma s'est bien foutue de moi le jour où elle a trouvé ma collection de DVD, je les ai tous, et parfois même en version collector. Ça l'a plutôt attendrie, je crois, ce côté grand enfant, et puis c'est toujours mieux que les jeux vidéo ou la picole.

Lorsque j'ai eu dix ans, mes grands-parents ont estimé que j'avais « droit à la vérité ». Je savais que mes parents étaient morts, ça, ils ne me l'avaient jamais caché. J'ignorais juste que mon père n'était mort que pour eux. Je percevais bien leur hostilité envers lui, mais, comme ils en parlaient toujours au passé, ça ne m'est pas venu à l'esprit qu'il puisse être vivant. Je les trouvais parfois méchants lorsqu'ils parlaient de lui, même à mots couverts. Mon grand-père, surtout, avait du mal à se contenir, et je me souviens très bien du jour où il a balancé un « salopard » et « ordure » en évoquant son souvenir. Ça m'avait drôlement perturbé.

Le sujet restait assez tabou. Malgré mon jeune âge, je sentais qu'il ne fallait pas en parler. Dans ma chambre, il y avait une photo de ma mère en costume d'Arlésienne. Je la trouvais magnifique, mais un peu lointaine, impersonnelle. Je préférais dix fois celle que j'avais volée dans un album et que je gardais cachée sous mon lit, dans une vieille boîte à chaussures. Sur celle-ci, ma mère riait aux éclats et sa chevelure brune volait autour d'elle dans le soleil. Elle tenait par la taille une de ses amies et semblait avoir le monde à ses pieds. Je l'ai toujours cette photo, encadrée dans mon petit salon. J'ai quasiment le double de son âge maintenant, et pourtant, je me sens toujours comme un gamin abandonné, largué, paumé.

Je revois encore le visage lugubre de mon grand-père ce soir-là après l'école. Il m'a laissé finir mon goûter et puis il m'a dit : « Mon petit, il faut qu'on parle. Tu grandis, tu es en âge de savoir maintenant, et il vaut mieux qu'on te dise la vérité nous-mêmes plutôt que d'autres s'en chargent. » Je l'avais regardé avec des yeux ronds, n'imaginant pas qu'une partie de mon enfance était en voie d'être piétinée sans espoir de retour.

Il a utilisé des mots assez crus, de vrais mots de grand. Tuer, prison, violence. Ton père. Cette ordure. Notre petite fille. Belle. Victime. Cet enfoiré. Il nous l'a volée.

Je n'ai pas tout retenu. Ni l'ordre dans lequel il les a prononcés ni les phrases qu'il a réellement formées. Dans ma tête, un puzzle déglingué s'est agencé et j'aurais voulu secouer la boîte pour rejouer la partie, je ne voulais pas entendre cette histoire-là. Ça ne pouvait pas être la mienne.

Et puis, je me suis calmé. Au fond de moi, je pense que je pressentais quelque chose de tragique, et peut-être que ça m'a soulagé de savoir enfin. Je n'étais pas fou, alors, je les avais bien perçus, ces regards en coin de leurs amis, ces chuchotements, tous ces sous-entendus en ma présence. On sous-estime tellement les enfants et leur capacité à percevoir le monde.

Je me suis néanmoins octroyé le luxe de démarrer une belle crise de préadolescence carabinée. Je leur en ai fait voir de toutes les couleurs, à mes petits vieux. Et plus les années passaient, plus je m'émancipais. Mes gènes gitans ont alors eu le dos large, je m'en suis servi comme d'un passe-droit pour légitimer toutes mes conneries, jusqu'au jour où j'ai grandi un peu et réalisé que je ne voulais surtout pas finir comme mon taulard de père. Ne lui ressembler en rien est devenu une nouvelle obsession.

Malgré ses liens avec son frère et son esprit de famille surdéveloppé, comme chez tous les gitans, Sabrina a su me tempérer. Je pense que c'est en grande partie grâce à elle si je n'ai viré ni voyou ni suicidaire.

Le jour d'après, celui où je suis revenu à l'école après avoir appris mes tristes origines, elle a tout de suite remarqué que quelque chose ne tournait pas rond. Elle l'a senti, comme les mères reniflent avec leurs petits l'odeur d'un péril, d'une nécessité de protection rapprochée. Elle m'a surveillé de plus près, et puis elle m'a pris entre quatre yeux un soir où ma grand-mère était en retard.

— Qu'est-ce qu'il y a, Alexandre ?

Elle ne m'appelait jamais par mon prénom entier, sauf pour m'engueuler, alors je l'ai regardée droit dans les yeux et j'ai eu envie de pleurer. Je voulais tout lui dire, déverser mon malheur pour qu'elle me console, qu'elle me prenne dans ses bras et que j'en profite pour humer en douce son odeur de vanille, mais je n'ai pas osé. J'ai eu peur de la décevoir, peur de lire sur son visage ce dégoût que j'avais moi-même ressenti quand mon grand-père m'avait raconté d'où je venais. Alors, j'ai fini par baisser la tête et j'ai murmuré qu'il n'y avait rien, que personne ne m'embêtait, qu'elle n'avait pas à s'en faire pour moi. Elle a insisté. Elle est comme ça, Sabrina, on ne la lui fait pas, et puis elle m'avait tellement couvé depuis quatre ans qu'elle réagissait à l'instinct, maintenant, avec moi, un peu comme si elle était ma mère finalement, enfin c'est ce que j'aimais penser le soir, quand je ne parvenais pas à dormir.

— Tu es un *gou djarro*, dis-moi la vérité !

Elle venait de me traiter de menteur en gitan et elle avait vraiment l'air fâchée, alors j'ai craqué, comme l'enfant triste et apeuré que j'étais, malgré mes faux airs de petit dur. De grosses larmes ont roulé en silence sur mes joues roses de honte. Mes yeux noirs ont alors cherché les siens, et j'y ai lu tant d'amour, tant de compréhension, que je ne me souviens même pas lui avoir dit quoi que ce soit. J'ai compris qu'elle savait déjà. Ma grand-mère est arrivée à ce moment-là. Sabrina lui a raconté que je venais de me disputer avec un camarade, mais que tout était arrangé. Son clin d'œil n'était pas discret, mais il m'a réconforté.

Sur le chemin du retour, ma grand-mère n'a pas dit un mot. D'habitude, elle me demandait systématiquement si j'avais été sage, ce que j'avais mangé à la cantine et si j'avais eu des bonnes notes. Là, elle marchait à côté de moi sans me regarder, l'air un peu fâché. Je me suis dit qu'elle avait dû capter le clin d'œil de Sabrina et qu'elle m'en voulait de lui cacher des choses, et puis j'ai repensé au mensonge dans lequel j'étais élevé depuis dix ans, et j'ai eu envie de lui donner un grand coup de pied aux fesses. Oui, je sais, ça ne se fait pas de botter le derrière de sa grand-mère, mais je vous assure que, sur le coup, je lui en voulais à mort. J'ai fait la gueule aussi de mon côté et, quand mon grand-père m'a demandé comment s'était passée ma journée, je lui ai répondu d'aller se faire voir. C'est là qu'ils ont compris à quel point les dernières années avaient été douces malgré leurs épreuves, et ils ont commencé à redouter ce qui les attendait.

Le lendemain matin, Sabrina est venue direct vers moi quand on s'est mis en rang pour entrer dans la classe, elle s'est penchée pour ne pas que les autres entendent, et m'a demandé doucement de l'attendre après la cantine. Elle m'a dit : « J'ai quelque chose d'important à te dire », et elle s'est évaporée dans un nuage sucré.

J'ai passé la matinée à rêvasser sur mon cahier à petits carreaux. Les chiffres se mélangeaient entre eux, j'inversais les colonnes des multiplications, j'oubliais les retenues, bref j'ai eu tout faux à tous mes exercices et je m'en fichais royalement. J'étais partagé entre inquiétude et excitation. Ma vie prenait une tournure à la fois exceptionnelle et profondément angoissante.

Je croyais encore que tout cela pouvait faire de moi le héros d'une histoire dramatique et qu'à ce titre, je devenais important, unique. Le sentiment de ma différence n'a jamais été aussi fort que ce jour-là. J'ai compris rapidement que tout ce mélo n'avait rien de romantique et que, si je me positionnais en victime, j'en serais une toute ma vie.

Pour l'heure, j'attendais donc avec impatience les révélations de Sabrina, et lorsque nous nous sommes retrouvés tous les deux dans le réfectoire vide qui puait le poisson, moi aussi j'ai compris, avant qu'elle parle, ce qu'elle avait à me dire. On était liés tous les deux. Liés par une souffrance commune et par nos gènes de gitans. Par nos yeux noirs et par ce drame qui faisait de nous des parias, quoi qu'on dise, quoi qu'on fasse.

— Je suis ta *bibi*, ta tante, *mi lio*. Tu as compris ?

— Oui. Mais pourquoi tu pleures ?

— Parce que je n'ai pas le droit de te parler, alors il ne faut le dire à personne, tu me promets ? Tu jures ?

— Oui… oui, je te jure que je le dirai à personne. Mais pourquoi t'as pas le droit de me parler ?

— Parce que je suis la sœur de ton père et que… et que le juge, il voulait que tu nous oublies.

— Mais toi, t'as rien fait ?

— Non, j'ai rien fait, mais c'est comme ça. C'est la vie. J'ai pas le droit de te parler, sauf si personne ne sait qui je suis pour toi. Voilà. Surtout, tu dis rien à tes grands-parents, hein, tu me promets ?

— Oui, je te promets. De toute façon, je veux plus leur parler. C'est des vieux schnoques.

— Alexandre, tu respectes ton grand-père et ta grand-mère ! Sinon, je ne te parle plus.

Sabrina tenait par-dessus tout à maintenir le semblant d'ordre existant dans ma vie. Elle voulait que je reste ce petit garçon calme et poli qu'elle avait toujours connu, elle redoutait que je finisse en vaurien et que son frère soit le premier d'une lignée maudite marquée par la prison. Elle en voulait à sa mère d'avoir soutenu Johnny, de ne pas l'avoir calmé à temps. Et elle s'en voulait surtout à elle-même de ne pas avoir su protéger ma mère de sa violence. La seule manière d'atténuer un peu sa culpabilité fut de s'assurer que, moi au moins, je deviendrais quelqu'un de bien.

Je ne sais pas si elle a réussi. J'espère que oui.

10

La fin de l'été s'étiole. Les touristes quittent peu à peu la ville et nous rendent à nos habitudes d'autochtones. On attend avec impatience la féria du riz début septembre, qui marque un dernier regain d'activité avant le début de la saison froide. J'allais dire la saison morte, mais Arles continue de vivre en sous-marin, l'hiver. Elle hiberne, c'est tout. Et puis, ça fait du bien aussi un peu de calme après cette foule omniprésente dans les rues, les cafés, les musées, bref, on se sent un peu plus chez nous.

Emma me dit qu'elle n'aime pas l'automne, et que les rues désertes en hiver lui font peur. Moi, au contraire, j'en profite pour sortir Gary en toute tranquillité. Cela dit, il s'est drôlement assagi à force de rester assis ou allongé sous mon comptoir toute la journée. Victor et Emma viennent souvent le chercher pour le faire courir un peu, mais, la plupart du temps, il reste blotti à mes pieds, se contentant de dresser la truffe lorsque des clients s'aventurent dans ma boutique. Il ne daigne se lever que lorsqu'il y a des enfants. Il les adore, je ne sais pas pourquoi.

Il est à peine dix-neuf heures, mais plus personne ne passe devant ma vitrine depuis au moins deux heures. Le ciel est gris et bas, le temps lourd, et ça fait deux fois que j'aperçois des hirondelles passer à hauteur d'homme dans la rue. Je décide de fermer avant de me prendre un orage sur la tête. Cette atmosphère pesante énerve Gary, qui tourne en rond et mordille sa queue en couinant. Je le gronde doucement, mais il se met à gémir de plus belle.

— Qu'est-ce qu'il y a, mon vieux ? Calme-toi, ce n'est qu'un peu de pluie.

Je ne l'attache pas pour rentrer, mais, même en courant, on n'évite pas le rideau de pluie qui s'abat d'un seul coup sur la ville. On n'y voit pas à deux mètres et, lorsqu'on se retrouve devant la porte de l'immeuble, Gary et moi sommes aussi trempés que si on était rentrés à la nage par le Rhône.

On s'ébroue tous les deux autant que possible avant de monter l'escalier, mais ça ne sert pas à grand-chose. Lorsque j'arrive sur le palier de mon appartement, Gary recommence à couiner en grattant le sol, et je suis partagé entre agacement et inquiétude. Au même moment, la porte de Rosalie Croze s'entrouvre, et elle nous observe en ouvrant des yeux ronds.

— Eh bé, mes pauvres amis, vous avez pris la saucée !

— On ne peut rien vous cacher, Rosalie. Bonne soirée.

— Attendez… Je peux vous parler deux minutes ?

Elle prend un air de conspiratrice et me fait signe d'entrer chez elle, ce qui me surprend un peu, car ça n'arrive pas souvent. À part son amie Mireille, qui passe ses journées avec elle, et maintenant Emma, personne n'entre chez la vieille Arlésienne.

— Vous êtes au courant ?

— De quoi donc ?

— Il y a un nouveau locataire, au troisième…

— Ah ? C'est plutôt bien non, depuis le temps que le proprio essayait de louer ?

— Oui, oui, c'est pas ça le problème.

— Alors c'est quoi, le problème ?

Je commence à m'impatienter, Emma m'attend et puis l'orage s'intensifie tant que Gary s'aplatit face contre terre avant de gratter la porte de Rosalie.

— Arrête, vilain, tu vas érafler toute ma peinture !

J'ai envie de répliquer qu'elle n'en est plus à ça près, cette vieille porte, mais je me retiens et lui demande d'en venir au fait.

— Le nouveau locataire est un vieux.

Cette fois-ci, je me retiens d'éclater de rire. Depuis combien de temps ne s'est-elle pas regardée dans une glace ? Ce n'est pas méchant, j'aime bien les personnes âgées, probablement parce que j'ai grandi avec et comme tout ce qui nous est familier, la vieillesse n'est pas un problème pour moi.

— Et alors ? Vous auriez préféré un petit jeune qui fait la fête tous les soirs ? Ça ne vous suffit pas, les bêtises de Gary ?

— Oui, mais là, il est vraiment très vieux ! Et puis, il ne parle pas français, on n'a rien compris avec Mireille quand il est passé nous voir tout à l'heure. Alors il s'est énervé, il nous a traitées de vieilles morues et il est reparti. Vous vous rendez compte ?

— Morue, c'est un mot français. Il parle français, alors ?

— Oui, celui-là, on l'a bien compris ! Mais il a un fort accent, il n'est pas d'ici en tout cas. Y en a marre de tous ces *estrangers*…

— Comment il s'appelle ?

— John quelque chose…

— Ah, mais c'est un Anglais alors ? Ou peut-être un Américain ?

— Un Américain ? Ici ?

On dirait que je lui annonce l'arrivée d'un extra-terrestre dans son salon. Ses bigoudis frétillent dans tous les sens et elle trottine vers son vieux téléphone fixe à larges touches.

— Il faut que j'appelle Mireille, quand elle va savoir ça ! Bonne soirée, mon petit Alexandre. Allez vite vous sécher ! Vous allez attraper la mort, et emmenez votre *cadéou* avant qu'il ne détruise ma porte.

— OK. Bonne nuit, Rosalie.

— Attendez ! … Quitte pas ma Mireille, je vais t'en apprendre une bien bonne… Alexandre, j'ai fait une gardianne et j'en ai beaucoup trop, prenez le plat dans l'entrée, c'est pour vous et la petite.

— Oh, merci, Rosalie, fallait pas. Allez, viens, mon chien.

Depuis que je suis avec Emma, Mireille et Rosalie me gâtent. Je ne sais pas à quoi ça tient, le miracle de l'amour peut-être, mais il ne se passe pas une semaine sans que l'une ou l'autre ne nous fasse cadeau d'un plat ou d'une pâtisserie qu'elles auraient cuisinés « en trop ». Je crois qu'elles ont bien compris qu'Emma et la cuisine, ça faisait deux, et, comme elles ont encore une conception du monde un peu à l'ancienne, elles se disent qu'avec mon nouveau travail, je mérite bien un bon petit plat de temps en temps, en mémoire de ma grand-mère. Elles ont l'air contentes de me voir bosser, elles passent me voir les jours de marché à la boutique, ça me fait plaisir. Mes deux perruches, comme je les appelle, bras dessus bras dessous, me font alors le tour des potins de la ville avant d'aller faire leurs emplettes.

Mireille, surtout, adore Emma, elle s'est prise d'affection pour elle dès le premier jour. Il faut dire que ma chérie sait y faire, elle l'a embrassée sur les deux joues comme du bon pain en lui disant qu'elle ressemblait à sa mamie qui lui manquait tant, que ses joues avaient la même douceur, etc., etc. L'autre a fondu illico devant ma petite blonde et, régulièrement, quand je rentre, je la trouve chez l'une ou l'autre de mes ex-voisines revêches qui ne le sont plus depuis qu'une fée Clochette est entrée dans ma vie. Comme dit Victor, elle est magique.

— Je suis là, Emma ! Ça va ? Tu as vu cet orage, c'est dingue, on est trempés avec Gary !

L'appartement est sombre et je sens sur mon visage une bouffée d'air frais et humide. Je cours fermer la porte-fenêtre et entreprends de faire sécher les toiles qui ont pris l'eau. Emma a dû sortir avant que les éléments ne se déchaînent. Je la soupçonne de s'être réfugiée chez Mireille ou même d'être allée fouiner chez le nouveau locataire, ça serait bien son genre. Gary aboie dans la chambre et les éclats du tonnerre couvrent ma voix lorsque je lui crie de se calmer. Cet orage le rend décidément insupportable. Je me dirige vers le frigo pour m'octroyer une petite bière bien méritée, mais il déboule en courant et tourne autour de moi en couinant avant de retourner vers la chambre. Bon, cette fois, je comprends, je le suis et je trouve Emma roulée en boule dans un coin comme si elle voulait disparaître.

— Mon amour, qu'est-ce qu'il se passe ? Regarde-moi, tu trembles comme une feuille, pourquoi tu pleures ?

Elle ne répond pas et se penche vers moi pour que je la prenne dans mes bras. Ses cheveux blonds chatouillent mes narines, elle me paraît si fragile tout à coup, si vulnérable. De courts sanglots font tressaillir ses épaules fines et elle renifle bruyamment. Je la laisse se calmer, mais elle sursaute en gémissant à chaque coup de tonnerre.

— On dirait Gary, vous êtes tous les deux phobiques de l'orage, ma parole ! Rosalie m'a donné de la gardianne de taureau, je sais que tu n'aimes pas trop ça, mais avec le riz et la sauce, ça fera l'affaire. Tu viens et tu m'expliques ce qu'il t'arrive ?

L'orage s'éloigne enfin, les éclairs se calment et la pluie cesse bientôt. Les lueurs de la nuit qui avaient gagné la rue se transforment en une douce brume orangée, pour un peu on apercevrait presque un brin de soleil couchant. La vraie pluie du sud que nous venons d'essuyer, soudaine et violente, repart aussi vite qu'elle est arrivée.

Emma lève alors vers moi un petit visage affligé. Son expression m'émeut et m'inquiète à la fois, je ne l'avais encore jamais vue triste. Ça ne lui va pas. Je le lui dis et elle a cette petite phrase étrange, qui aurait dû me mettre la puce à l'oreille.

— Tu ne connais pas encore toutes les Emma.

Sur le coup, je préfère faire comme si je n'avais rien entendu. C'est idiot, ça ne sert à rien de se voiler la face, je suis bien placé pour le savoir, pourtant. Mais mon rêve Disney, j'y tiens. Alors je lui tends simplement la main pour qu'elle se lève et je la guide gentiment jusqu'au salon en lui racontant qu'on a un nouveau voisin anglophone et sûrement très vieux.

Elle fait comme moi, semblant d'aller bien.

— Je sais, je revenais de chez Victor quand il est venu voir Mireille et Rosalie. Il les a traitées de vieilles morues, j'ai bien rigolé.

— Petite peste, tu sais qu'elles t'adorent pourtant ?

— Mais moi aussi, je les adore, c'est ce vieux clou avec son accent british qui m'a tuée. Si tu l'avais vu, c'est un sacré phénomène, on ne va pas s'ennuyer ! Apprête-toi à compter les points.

— Ouais, enfin, notre immeuble se transforme en club du troisième âge, quoi…

Elle rit et enlace mon cou tendrement. Son chagrin passager semble envolé avec les nuages gris. Nous nous installons face à face, assis par terre, et mangeons avec les doigts sur la petite table du salon, comme des gosses. Lorsque je propose à Emma d'aller promener Gary avec moi sur les quais, elle refuse doucement. « Je suis fatiguée, ce soir », me dit-elle.

Elle n'est pourtant jamais fatiguée, Emma.

11

Quand je reviens de ma balade express sur les quais, Gary est frustré, mais je me sens trop inquiet pour laisser Emma seule dans cet état. Elle a à peine touché à son assiette, j'ai bien vu qu'elle faisait semblant de s'amuser en mangeant avec les doigts, mais elle s'est contentée de grappiller quelques boulettes de riz sans vraiment se nourrir. Moi, au contraire, j'ai dévoré. La cuisine à l'ancienne de Rosalie, c'est quelque chose.

L'appartement n'est plus éclairé. Je bute contre la table basse et pousse un juron, Gary couine encore. Je m'approche de notre minuscule chambre et je distingue une petite forme sous le drap, qui se soulève doucement au rythme d'une respiration. Je soupire de soulagement et me traite d'abruti. Comme si elle pouvait arrêter de respirer ! Une odeur de marinade à l'oignon flotte encore dans l'air, ça rend l'atmosphère chaleureuse malgré l'obscurité.

Je n'ai pas du tout envie de dormir, il est beaucoup trop tôt. Je n'ai pas la télé, probablement une habitude de mes années d'enfance. Mes grands-parents en avaient une cachée dans un vieux meuble, mais ils ne l'allumaient jamais, sauf pour les élections présidentielles, autant vous dire que je ne l'ai pas vue souvent en marche. Je me demande ce que je ferai avec mes propres enfants du coup : télé ou pas télé ? Se pose aussi la question vertigineuse de savoir si Emma en portera un de moi ? Ou même deux ?

Par superstition, et parce que j'en ai bien trop bavé jusque-là pour être capable de me projeter dans un quelconque avenir radieux, je chasse aussitôt cette idée de ma tête. Ma réalité, c'est un appartement trop petit et bruyant dans lequel je me sens parfaitement bien, un boulot à plein temps qui me permet de payer mon loyer, un chien aussi attachant qu'insupportable, bref, un quotidien somme toute acceptable pour un mec de mon âge. Se rajoutent à ça quelques potes du lycée, des connaissances nouées lors de mes anciens boulots que je vois encore de temps en temps, mon ami Victor, mes vieilles voisines envahissantes, une passion un peu débile pour les vieux polars américains, et puis toi.

Toi qui, au milieu de tout ça, viens prendre une place que je n'aurais jamais imaginé donner à une femme, parce que je ne savais pas que c'était possible, d'aimer quelqu'un comme ça. Il y a tant de choses que je ne savais pas encore.

Je renonce à l'idée de dormir, mais pas à celle de me sentir près de toi. L'air est plus léger que cet après-midi, mais il fait encore moite, j'ai trop chaud. Je me déshabille et me faufile sous le drap à tes côtés. Mes yeux sont maintenant habitués à l'obscurité et je distingue nettement ton épaule blanche qui se découpe comme l'aile d'un petit oiseau sur le mur sombre. Je vois aussi tes cheveux blonds que j'adore. Tu es une vraie blonde, je confirme. Tu es si belle, bon sang, si jeune, pleine de promesses, qu'est-ce que tu fous avec un gars comme moi ? Je ne t'ai pas encore tout dit sur mon passé, mais tu as rencontré Sabrina cette semaine et, pour moi, c'est comme si je t'avais livré ce que j'avais de plus précieux. Concernant ma famille, je n'ai plus qu'elle au monde, si je puis dire. Mes grands-parents sont tous deux décédés il y a quelques années et je n'ai pas rencontré grand monde de cette branche-là, peut-être par honte ou bien parce qu'ils se sont beaucoup repliés sur eux-mêmes, et sur moi par la même occasion. Et l'autre branche, mis à part Sabrina, qui, tel un fruit merveilleux et unique, en est issue par miracle, cette branche-là est complètement pourrie, donc je ne veux même pas en entendre parler.

Avant cette rencontre, j'ai simplement dit à Emma que j'allais lui présenter celle que je considérais comme ma mère, une tante très chère qui comptait beaucoup pour moi. C'était la première fois que je présentais une fille à Sabrina, et je lui ai fait la leçon pour qu'elle se tienne à carreau. Pas de mots gitans, aucune allusion à mon passé ni à ma famille d'origine. Elle s'y est tenue, et j'ai bien vu qu'elle aussi succombait au charme d'Emma. On s'est promenés tranquillement le long de l'Avenue des Lices avant d'aller prendre un café sur la Place du Forum. Il y avait trop de monde, mais ça ne m'a pas pesé. J'étais dans une bulle spatio-temporelle merveilleuse où les deux meilleures parties de ma vie formaient enfin un tout, un puzzle que, pour une fois, j'aimais assembler. On a parlé de tout et de rien, on a bu un café, puis deux et même trois pour Emma, qui parlait beaucoup, de son activité artistique, de la ville, des gens qu'elle et Sabrina connaissaient toutes les deux, de la saison, bref la vie, quoi. Elle non plus n'avait pas trop envie de parler de sa famille, sujet glissant pour nous deux. On ne l'a donc pas évoqué, et c'est très bien comme ça.

On s'est quittés en s'embrassant comme du bon pain et en se promettant de se revoir tous rapidement. La mayonnaise avait pris entre les deux femmes de ma vie, j'étais content. J'ai eu

Sabrina une fois au téléphone depuis, elle m'a confirmé qu'Emma était adorable et qu'elle était heureuse pour moi. Je lui ai dit de ne pas s'emballer, qu'on n'était pas encore mariés, mais au fond, je n'espère que ça.

Emma tressaille et sa respiration ample et régulière s'interrompt, j'en déduis que je l'ai réveillée avec ma discrétion légendaire. Elle se tourne en marmonnant et je prends de plein fouet les effluves de son corps endormi. Une odeur de paille chaude et de fraise des bois m'enivre d'un coup, j'ai une envie terrible de la serrer contre moi et de lui faire l'amour. Je me retiens de la réveiller complètement. Elle aussi ressent ma présence, elle se rapproche de moi et se blottit dans mes bras. Sa peau est aussi douce que le velours des étoffes que j'aimais caresser lorsque j'étais petit, ses cheveux sentent les fleurs et je sens monter en moi un tel désir que je me prépare à aller prendre une bonne douche froide, lorsqu'elle me retient de sa petite main, la coquine, au bon endroit.

— Tu es réveillée ?

— Oui… Je voulais voir si tu allais tenir… C'est bien, tu es un gentil garçon. Au vu de ce que je sens entre mes mains, ça a dû être difficile…

Elle éclate de rire. J'éructe de joie, autant pour la promesse de cette étreinte inespérée que pour avoir retrouvé la vraie Emma, en tout cas celle que je suppose être.

Gary s'éclipse discrètement et nous faisons l'amour plusieurs fois, avec une fougue décuplée par nos émotions contraires de la soirée. Elle me rend fou, littéralement. Je goûte et regoûte chaque coin de sa peau, chaque pli, je voudrais m'emparer de tout son être comme elle s'empare du mien, m'emboîter parfaitement en elle et voir ses yeux rouler en arrière lorsqu'elle atteint l'extase, et me dire que c'est grâce à moi.

Je m'endors contre elle, le bras autour de sa taille et je sombre dans un sommeil si lourd que je ne rêve même pas. C'est Emma qui me secoue trois heures plus tard en riant. Elle me crie dessus pour que je me lève. « Tu vas être en retard ! » Gary surgit, tout excité par les cris, et se joint à l'euphorie ambiante en sautant sur le lit.

Le visage de mon amoureuse est aussi frais que si elle avait dormi toute la nuit, ses yeux sont lavés des larmes de la veille et une lueur joyeuse leur donne cet éclat brut que j'aime tant. L'orage d'hier soir n'est plus qu'un lointain souvenir, dans le ciel comme sur nos vies.

Le pain grillé brûle des deux côtés, la fumée au départ appétissante se transforme en odeur écœurante de charbon carbonisé et nous rions encore comme deux ados attardés. Emma me pousse dehors en m'assurant qu'elle me ramènera des brioches de chez Victor dans la matinée. Elle porte un de mes tee-shirts et, lorsque Mireille surgit sur le palier pour sonner chez Rosalie, elle se retrouve presque le nez dans la dentelle de l'une des petites culottes qu'elle a maintenant pour habitude de voir orner mon balcon. Elle ne s'en offusque pas et salue gentiment sa petite protégée.

— *Adessias* mes petits. Emma, ma chérie, tu devrais aller t'habiller !

— Oui, ma Mireillou, tiens ! Je te donne un *poutou* avant !

Elle la prend dans ses bras et la vieille dame éclate de rire, le rose aux joues. J'en profite pour me sauver, Gary sur les talons.

L'air de la rue est frais, quelques flaques d'eau brillent encore ici et là. Je respire à pleins poumons et, pour une fois dans ma vie, je me sens vraiment heureux. Vous savez, cette sorte de plénitude tranquille qui infuse tout le corps et donne le sentiment de flotter au-dessus de ses chaussures, comme une impression d'être relié au centre de la terre avec la tête dans les nuages. Je me sens à ma place. Avec Emma, j'ai le monde à mes pieds.

Comme promis, elle me rejoint à la boutique une heure plus tard, un sachet de viennoiseries sous le bras. J'ai un coup au cœur en la voyant entrer, comme toujours lorsque je la retrouve et que je ne m'y attends pas vraiment. Elle porte encore une de ses robes improbables hyper colorées, pleine de fanfreluches, mais auxquelles je suis maintenant habitué. Gary aussi, d'ailleurs, il a compris que les vêtements d'Emma n'étaient pas ses joujoux. Elle lui caresse machinalement la tête lorsqu'il vient renifler ses mollets et elle pose devant moi les brioches dorées.

— Je trouve que Victor a l'air triste en ce moment.

— Ah bon ?

Une pointe de culpabilité me chatouille désagréablement la poitrine. Moi aussi, j'ai remarqué un manque d'entrain chez mon ami dans sa façon de me saluer ces derniers temps, mais, tout empli de mon récent bonheur, j'ai voulu croire que ce serait passager. Et puis, quand on se sent bien, on a tendance à se persuader que le malheur des autres ne peut pas nous atteindre, qu'il est loin et ne nous concerne pas. On est égoïste.

Ça fait bien longtemps que je n'ai pas eu de tête-à-tête nocturne avec lui, je me promets que ce soir, quoiqu'il arrive, on grillera ensemble une clope sur le trottoir. J'arriverai bien à lui tirer les vers du nez. Je fais part à Emma de mes élans coupables et elle m'encourage à me rapprocher de lui.

— Il a une vie de chien quand même, pour un mec de son âge. Tu le vois souvent sortir toi, à part pour aller courir ou soulever de la fonte ? Toujours dans son fournil, à pétrir son pain ! Je vais lui présenter mes copines, ça lui ferait du bien de malaxer d'autres miches !

Elle éclate de rire, espiègle. Je ne connais pas les amies d'Emma, aussi je suis un peu surpris.

— Et à moi, tu ne les présentes pas ? Toi non plus, tu ne sors pas beaucoup, ma puce. Toujours dans tes créations… D'ailleurs, tu exposes bientôt, non ? Pourquoi tu ne profites pas des Rencontres de la photo ?

— Ah, tu ne vas pas t'y mettre ! Je t'ai dit que je n'étais pas encore prête. Et puis je ne fais pas de photos, de toute manière.

— Je sais. Ne t'énerve pas, c'était juste une idée.

— Je me sens bien chez toi, il y a une belle énergie. Mireille et Rosalie sont adorables, je n'ai besoin de personne à part toi. Les gens que je fréquentais avant ne m'ont pas apporté grand-chose, et puis…

Elle s'interrompt brusquement, le regard éteint.

— Et puis quoi ?

— Non, rien. Rien d'important.

Elle m'embrasse rapidement et s'échappe au moment où une grappe de touristes japonais s'échoue devant ma vitrine, lunettes de soleil sur le nez et appareils photo en bandoulière. Ils ont l'air contents, détendus. Je les fais entrer, ordonne à Gary de rester couché et j'observe la mince silhouette d'Emma, qui s'éloigne vers les arènes d'un pas vif et léger. J'ai hâte de la retrouver.

12

Lorsque je rentre le soir même, elle m'attend avec un grand sourire et un visage rayonnant. Elle virevolte à travers l'appartement, et je m'étonne de le trouver propre et rangé. Ses toiles sont cachées, ses pinceaux nettoyés, tous ses accessoires et matières premières soigneusement camouflés sous des draps blancs repoussés dans les coins. Emma me saute au cou et me montre fièrement notre petite table basse. Je découvre avec amusement qu'elle a sorti le grand jeu : assiettes assorties, serviettes en tissu, nappe, bougies, tout y est... J'ouvre la bouche pour lui demander où est-ce qu'elle a dégoté tout ça quand elle pose un doigt léger sur mes lèvres.

— Chut, ne dis rien. C'est une surprise et je ne veux pas que tu parles le premier.

Ses yeux pétillent de malice. Qu'a-t-elle bien pu encore inventer ? J'espère qu'elle n'a pas adopté un chaton ou un truc du genre, elle en serait bien capable. Je me rassure en observant Gary, qui s'est tranquillement étalé de tout son long contre la porte. Si un autre animal que lui en avait franchi le seuil, il serait en train de couiner et de fureter partout.

Peut-être s'agit-il de son travail ? Elle attendait sous peu la réponse d'une galeriste à Marseille pour exposer sa dernière œuvre, une explosion de couleurs et de matières comme seule Emma sait les assembler. Je ne connais toujours pas grand-chose à l'art déco, mais je sais que mon amoureuse est une artiste plasticienne surdouée dans son domaine et, même si je n'ai ni les compétences ni le vocabulaire pour exprimer ce que je ressens face à ses œuvres, c'est toujours un grand choc de découvrir une toile finie. Parfois, c'en est presque désagréable, même, tant l'émotion provoquée est forte au creux de la poitrine. La première fois qu'il les a vues, Victor a ouvert la bouche sans rien dire et puis il a lâché : « Putain, ça envoie du lourd ». Voilà, lui non plus n'a pas les mots savants, mais il a bien su exprimer ce qu'on ressent face aux œuvres d'Emma.

Elle me fait asseoir en face d'elle et ramène avec solennité deux assiettes garnies de saumon fumé. Les citrons sont découpés comme deux fleurs de lotus, c'est joli. Je m'apprête à lui en faire le compliment, mais elle m'interrompt à nouveau. Ses yeux brillent. Des sentiments contraires me traversent. Elle semble sur le point de pleurer, mais elle sourit. Son regard m'envoie tant d'amour que je respecte sa demande silencieuse et attend sagement qu'elle m'annonce sa grande nouvelle.

— Voilà… Ce n'était pas prévu, ni pour toi ni pour moi. J'ai attendu d'être sûre pour te le dire, mais…

Un blanc dans mon cerveau. Comme un éclair. Ou la foudre. Des cris, de la stupeur, une angoisse absolue. Et de la joie.

— Tu vas être papa, mon amour.

Je pince les lèvres, parce que ce mot me déchire. Je regarde sans comprendre le ventre plat d'Emma. J'essaie d'imaginer qu'une petite fusion de nous deux grandit là-dedans, au creux de ce refuge que j'aime tant, mais je n'y arrive pas, c'est trop abstrait. Papa. Moi qui ai grandi en creux de toi, dans la honte et le déni, dans la peur aussi, comment vais-je faire pour en devenir un ? Je ne sais pas ce que ça signifie, d'avoir un père. Encore moins d'en être un.

Sur le moment, je ne me pose pas la question des gènes et toutes ces conneries qui me hantaient encore il y a quelques semaines. L'annonce est trop fracassante pour me permettre d'envisager froidement tout ça. Et puis le visage d'Emma, tendu d'anxiété vers le mien, me force à dépasser mes peurs.

Je n'ai pas dit un mot et je vois bien qu'elle ne sait pas comment interpréter mon attitude figée. Ses grands yeux clairs s'écarquillent encore un peu plus, elle entrouvre la bouche pour parler, mais cette fois-ci, c'est moi qui lui intime de ne pas le faire. Sans rien dire, parce que ma langue est collée de stupeur à mon palais, je me lève et fais le tour de la table pour la serrer dans mes bras. Elle me demande en chuchotant si je suis heureux, je me contente d'acquiescer, le reste viendra plus tard.

— Tu sais, pour moi aussi, c'est un choc. Encore plus que tu l'imagines.

Je la serre un peu plus fort et parviens enfin à murmurer.

— Comment tu t'en es aperçue ?

— Dis donc, t'as pas remarqué que mes nibards avaient doublé de volume ?

Je ris nerveusement en en prenant un dans ma paume.

— C'est vrai qu'ils sont un peu plus généreux que d'habitude, mais bon…

Je n'ose pas lui dire que ça ne change pas grand-chose à sa silhouette si fine, si enfantine que c'en est presque grossier d'imaginer qu'elle puisse porter un enfant, est-ce que ça ne va pas lui faire mal de s'étirer comme ça, est-ce qu'elle est assez costaud, mon hirondelle ?

Comme si elle lisait en moi toutes les inquiétudes que je tais, elle sourit à son tour et me demande de me rasseoir.

— Pour une fois que je te cuisine un vrai repas !

Elle se rembrunit tout à coup, et c'est à mon tour de la rassurer.

— Ne t'inquiète pas, d'ici à ce que cet enfant soit en âge de manger, on a le temps de se préparer. Mireille et Rosalie vont se faire un plaisir de nous donner des cours !

— Oh, si je leur dis que je suis enceinte, on n'a pas fini de trouver de bons petits plats devant la porte, mais cette fois, ça sera pour moi ! Enfin, pour nous…

Elle effleure le bas de son ventre et me lance un regard interdit, comme si elle aussi réalisait enfin ce que ce « nous » signifiait.

— Tu crois qu'on va y arriver ?

— Bien sûr. On n'aura qu'à installer un petit lit dans le coin de la chambre et puis voilà. Il sera toujours temps de déménager plus tard, quand il sera grand.

— Je ne parlais pas de ça. On est un peu cabossés, tous les deux…

Elle rougit et baisse la tête, comme si elle hésitait à poursuivre.

— Il faut que je te dise quelque chose. Ne te mets pas en colère, s'il te plaît, ni contre moi ni contre Victor.

— Ne me dis pas que vous avez…

— Tu es malade ! Il te considère comme son propre frère, et puis comment tu peux imaginer…

— Bon, ça va, désolé, je ne le pensais pas.

— On a pas mal parlé ces derniers temps. Tu sais, comme je le trouvais triste, je voulais l'aider… Il m'a raconté son histoire, sa mère toujours à droite à gauche, son enfance de merde, le fait qu'il n'ait pas eu de père…

— Et alors ? Quel rapport avec moi ?

Je suis sur la défensive, mais j'ai envie qu'elle continue. Après tout, si ça peut m'éviter un aveu désagréable.

— Victor m'a dit que toi aussi, tu avais grandi sans père.

— Ça, tu le savais déjà, Emma.

— Oui, mais je pensais que ton père était mort.

— Je le pensais aussi jusqu'à l'âge de dix ans.

— Et puis tu as appris qu'en fait, il était en prison.

— C'est ça.

— Tu ne m'aides pas beaucoup.

— Non.

— Bon. Alors, je continue. Victor m'a dit que ton père était un gitan, du coup j'ai fait le rapprochement avec Sabrina, j'avais compris, tu sais… La peau mate, les yeux noirs, la façon de parler, ses vêtements… Ça ne m'a pas étonnée.

— Ça t'ennuie ?

— Pas du tout !

— Alors, pourquoi on a cette conversation ?

— Parce qu'on parlait de ton père et du fait qu'il avait… enfin, tu te doutes que sur les allusions de Victor, j'ai fait mes propres recherches.

— Tu aurais pu m'en parler, non ?

— Je ne savais pas comment tu réagirais. J'aurais préféré que ça vienne de toi.

— Emma, j'ai grandi avec mes grands-parents parce que mon père a tué ma mère quand j'étais encore un bébé. Voilà. Je ne l'ai jamais revu, et j'en ai rien à foutre, il n'existe plus pour moi. Rayé de la carte. Ça te va ?

On se défie du regard. Je lui en veux d'avoir farfouillé comme ça dans mon passé, sans rien me dire. Son visage clair est tendu par l'angoisse, mais je n'ai pas envie de la rassurer. Je me sens coincé entre une rancune de petit garçon et un soulagement de savoir qu'il n'y a plus d'ombres entre nous. Enfin, de mon côté, du moins.

Emma saisit ses couverts et fait mine de découper une tranche de saumon. Son petit air sérieux me touche et, quand je vois le coin de sa lèvre trembler, je capitule. J'attrape sa main au-dessus des assiettes et lui demande de me regarder.

— On s'en fout, au fond, de tout ça. Ce qui compte, c'est nous, et ce petit Gremlins qui s'est incrusté dans nos vies. Je suis content que tu saches pour mes parents, ça m'évite des confidences pénibles pour nous deux. Mon père était juste un connard qui a pété un câble, comme des milliers d'autres, malheureusement.

— D'accord. Dis-moi seulement la vraie raison pour laquelle tu n'as jamais voulu le revoir depuis qu'il est sorti de prison, et je te laisse tranquille.

Je sais ce qu'elle sous-entend. La vraie raison, ce n'est pas « parce qu'il a tué ma mère », ça, c'est une évidence et ça me permet de ne pas y réfléchir vraiment. La vraie raison se cache tout au fond de moi, elle fait partie de mes ressorts secrets, de la manière dont je me suis construit, ce qui fait que je suis moi aujourd'hui.

Je décide alors de lui offrir ma vérité, pour elle et pour cet enfant qui, lui non plus, n'a rien demandé, après tout.

— Je ne veux pas le rencontrer parce que j'ai peur de retrouver en lui des parcelles de moi. Et puis, imagine que je le trouve sympathique, tu te rends compte ? Ça ferait de moi quel genre de fils ?

— Ça ferait de toi un bon père, peut-être. Un père qui connaît la vie et qui l'accepte…

Elle a murmuré, et ses mots tranchent mon cerveau en petites lamelles. Je ne sais pas s'ils me font du bien ou terriblement mal, je sais juste que s'ouvre à nouveau un gouffre que j'avais mis vingt ans à refermer.

13

Une heure du matin. Emma ronfle légèrement à côté de moi et je souris, je devrais l'enregistrer pour toutes les fois où elle me reproche de l'empêcher de dormir. Mon insomnie n'a cependant rien à voir avec ce ronronnement qui me berce plutôt qu'autre chose. La nuit bleutée me fait de l'œil par la fenêtre et je me lève doucement. Gary se dresse aussitôt, la queue frétillante. Je chuchote en lui caressant les oreilles.

— Tout doux, mon vieux, chut... Allez, viens, on va prendre l'air.

J'enfile un vieux tee-shirt, une paire de tongs, et je tâtonne pour retrouver mes clés, qui ne sont jamais à leur place. Une fois sur le palier, j'inspire bruyamment avec satisfaction. L'idée de retrouver Victor m'emplit d'une joie apaisante.

Lorsque je pénètre dans son antre, il a son casque sur les oreilles et sa tête marque les basses au rythme de son pétrissage, les sourcils froncés et les muscles saillants. Il sursaute lorsque Gary vient se frotter à ses jambes, et lève sur moi un œil étonné, mais ravi. Il a l'air crevé.

— Tiens ! Un revenant... Ça me fait plaisir, mon pote, tu as délaissé ta belle ?

— Elle dort sur ses deux oreilles, et j'ai des insomnies.

— Moi qui croyais que je te manquais...

Il cligne de l'œil, mais je culpabilise.

— Oui, c'est pour ça aussi que je voulais te voir. Tu peux rigoler, mais, effectivement, nos petites pauses nocturnes me manquent. Oui, monsieur !

Il s'essuie les mains sur un torchon à carreaux et attrape son paquet de cigarettes sur le bord de la caisse.

— Allez, viens ! On va s'en griller une, comme au bon vieux temps.

Une fois dehors, nous nous amusons à observer le propriétaire du bar gueuler contre les retardataires, jusqu'au moment où une silhouette claudicante se dirige franchement vers nous.

— Putain, il en tient une bonne, celui-là ! J'espère qu'il ne va pas vomir devant ma porte.

— Il marche un peu de travers, non ?

Lorsque l'homme courbé en deux arrive à notre hauteur. Nous nous apercevons qu'il se déplace à l'aide d'une canne. Un béret à pompon sur la tête, il grommelle et se poste face à nous.

— Et alors, papy, on a un petit coup dans le nez ? Vous êtes perdu ?

— Pousse-toi de là, *little bastard* !

Il lève sa canne au-dessus de sa tête, et Victor se dresse face à lui, menaçant.

— Oh là, ça va pas la tête ? Faut se calmer, mon vieux, pour un peu il nous en collerait une, ma parole !

— Tu crois que tu me fais peur, avec tes *tattoos* ? *Move your ass, I live here.*

Il baisse sa canne, mais esquisse un mouvement sec de sa main parcheminée pour nous montrer la porte d'entrée de l'immeuble.

— Ah, mais vous devez être le fameux John ! Alors, Anglais ou Américain ?

Il se tourne vers moi et me foudroie du regard.

— Irlandais !

— Eh bien, enchanté, moi, c'est Alex, arlésien. J'habite au second. Et lui, c'est Victor, le boulanger du rez-de-chaussée.

Il nous observe quelques secondes avec méfiance, et puis d'un seul coup, son vieux visage ridé se déplisse.

— *Hey guys, nice to meet you.*

Sans plus de façon, il sort de sa poche un paquet de Marlboro en clignant de l'œil. Victor me regarde, éberlué.

— Bon, bah je crois que j'ai trouvé un nouveau pote pour mes pauses clopes, moi.

John fixe ses petits yeux bleus sur moi en caressant distraitement la tête de Gary, qui adore renifler les nouveaux venus, quels qu'ils soient.

— C'est votre chien ?

— Oui.

— Je l'aime bien. Il me rappelle mon Rusty.

L'accent irlandais de John est si prononcé que je peine à le comprendre, mais je ne veux pas le froisser, alors j'en déduis que Rusty devait être un nom de chien qu'il a perdu ou laissé au pays. Pas envie de me faire traiter de morue ou autre nom d'oiseau en le faisant répéter.

Cela dit, il semble s'être drôlement radouci, car il ne se vexe pas le moins du monde lorsque Victor lui fait remarquer qu'on ne le comprend pas bien. Au contraire même, il semble en être le premier affligé. Il baragouine dans un mélange approximatif d'anglais et de français pour nous expliquer que, malgré de nombreuses années passées en France, il n'a jamais réellement su progresser dans notre langue. Victor lui demande les raisons de son arrivée ici. Nous comprenons vaguement qu'il passait une retraite tranquille à côté de St-Rémy-de-Provence, mais qu'un problème avec son propriétaire l'a contraint de chercher un logement beaucoup moins cher, et qu'il se retrouve donc coincé ici dans ce *rotten building*, bâtiment pourri, donc si mes souvenirs d'anglais sont bons. Je lui fais remarquer qu'on n'y est pas si mal et que le voisinage est agréable, mais il s'énerve tout à coup en parlant de *two rough old women* ou quelque chose comme ça.

— Vous parlez de Mireille et Rosalie ? Les perruches ?

— *Pewuch* ? *What is it* ?

— Laisse tomber mon pote, tu l'embrouilles.

Victor est plié en deux. Il mime une personne âgée et montre les fenêtres du premier étage.

— Oh yes !

— Mais elles sont gentilles John, *they're nice* !

Il me lance un regard suspicieux, et je me promets d'organiser une rencontre officielle entre mes seniors. Je suis sûr que la mayonnaise finira par prendre, les personnes âgées, encore une fois, ça me connaît.

Notre vieil Irlandais finit par nous fausser compagnie et je peux enfin sonder Victor sur son petit moral. Il m'avoue se sentir un peu déprimé, sans raison.

— Emma pourrait te présenter une de ses copines, ça te ferait du bien ?

— Non, les filles, franchement, c'est pas un problème pour moi, enfin pas dans ce sens-là.

— C'est-à-dire ?

— J'ai déjà tendance à papillonner, alors…

— Monsieur est un tombeur, si je comprends bien.

— Pour ce que ça m'apporte… Je fais fantasmer les nanas avec mes pec' et puis, quand je me rends compte que j'ai rien à leur dire, ça me déprime. Une fois qu'on a assouvi nos pulsions, pffftt, y'a plus rien. Peut-être que je ne suis pas quelqu'un de très intéressant, en fin de compte.

— Peut-être aussi que tu ne rencontres que des petites connes !

On rit ensemble, c'est toujours ça de pris.

— Tu ne vas pas laisser tomber la boulangerie, au moins ?

— Non, t'inquiète, ça c'est le seul truc qui me tient vraiment à cœur, alors si j'arrête… Bon, et toi, alors, ça file toujours le parfait amour avec ta petite blonde ?

— Ouais.

Heureusement qu'il fait nuit, sinon Victor n'aurait pas manqué de me cuisiner sur mon rougissement soudain. Je suis partagé entre l'envie de crier à la terre entière que je vais être papa, que la plus belle fille du monde porte mon enfant, que je l'ai mise enceinte, moi ! Et celle de taire ce bonheur qui m'angoisse, de le garder secret jusqu'à la fin des temps et jouer à croire que tout ça n'est qu'un jeu, finalement.

Ma loyauté envers Emma l'emporte, j'ignore si elle souhaite l'annoncer ou non, et je ne veux pas lui voler ce plaisir. Gary repère un chat sur le mur de la cour voisine, j'en profite pour fausser compagnie à Victor et éviter ainsi de lui mentir par omission.

Il repart dans son fournil, les épaules basses. Je me promets de revenir le voir plus souvent.

14

Nous sommes le 10 septembre, et la féria du riz bat son plein. Une aubaine pour moi, car les touristes affluent et m'achètent par dizaines mes savonnettes, sachets de lavande et cartes postales des arènes. Je les bichonne, ils reviennent et m'amènent leurs amis. Même les Arlésiens se surprennent à s'arrêter devant mes jolies nappes. Emma m'a aidé à en choisir les tissus, et j'ai réussi l'exploit d'être original tout en respectant la tradition provençale, d'où mon succès. J'ai demandé l'autorisation à ma patronne de vendre aussi des sodas et des calissons d'Aix pour les événements festifs, elle a accepté. Je sens qu'elle me lâche de plus en plus la bride, et sa confiance renforce la mienne. Je suis commerçant dans ma ville natale, et reconnu comme un personnage indispensable au bon fonctionnement du quartier.

Cet ancrage me fait un bien fou, et je prends le temps tous les matins d'aller boire un café avec mes voisins, directs ou non. On se soutient, on s'entraide, on râle sur les mauvais payeurs, sur la conjoncture, bref on se comprend. C'est nouveau pour moi, ce sentiment d'appartenance. Emma fait partie de notre cercle, je crois même que c'est grâce à elle si tout ce petit monde m'a intégré aussi facilement à la vie du quartier. Seul, je suis un peu sauvage, méfiant par nature avec tout ce que j'ai pris dans la figure, mais avec elle, les portes s'ouvrent, les sourires fleurissent, les barrières tombent naturellement.

Comme à la maison, avec Victor, Mireille et Rosalie, peut-être aussi John, même si on ne le connaît pas encore très bien. Emma est un liant, vous savez, ce genre de personne que tout le monde est soulagé de voir arriver dans les soirées coincées où on se dit qu'enfin les gens vont rire et se parler.

Depuis le soir où elle m'a annoncé qu'elle était enceinte, ses yeux brillent tout le temps. De larmes contenues ou d'une joie intime et sobre, l'émotion est là, en permanence. Ça me fait un peu peur, mais je me dis que les hormones doivent bien y être pour quelque chose. Pour l'instant, elle préfère ne rien dire à notre entourage, elle me demande d'attendre encore un mois, « on ne sait jamais, si je fais une fausse couche », m'a-t-elle dit. J'en ai frémi. Je ne connais rien à tout ça, mais si elle devait perdre ce têtard alors que je m'habitue tout juste à sa présence, et encore pas tous les jours, ça me ferait mal au bide.

J'ai tellement envie d'en parler à Sabrina. J'ai besoin de lire dans ses yeux que je peux y aller, que j'ai raison d'y croire. Chez les gitans, l'arrivée d'un enfant est vécue comme une bénédiction divine, alors je ne doute pas de sa réaction. Toutefois, elle est mon seul lien avec cette autre partie de moi-même qui me fascine et me répugne à la fois, et, à ce titre, il me semble qu'elle est l'unique personne à pouvoir réellement légitimer ma capacité ou non à devenir père.

Les antennes d'Emma marchent à plein régime, car c'est elle qui me propose de l'inviter, et de faire ainsi une exception à la fameuse règle des trois mois. On la convie pour la fin de semaine prochaine, une fois que nous nous serons remis de la fatigue de la féria. J'espère secrètement que ma tante annulera l'invitation et puis, l'instant d'après, j'ai envie d'attraper mon téléphone pour lui annoncer la nouvelle. Je suis plein de contradictions.

Entre novilladas, bodegas et corridas en costume d'époque, mes collègues et moi ne savons plus où donner de la tête pour satisfaire les clients, attirés comme des papillons par la lumière. Une foule colorée se presse nuit et jour dans nos commerces, bars et restaurants et je n'ai pas une minute à moi pour élaborer la moindre pensée. Je suis dans l'action du matin au soir, et ça me va très bien. Sabrina est passée en coup de vent à la boutique cet après-midi : le temps de me faire une bise et me confirmer sa venue pour la semaine prochaine, et la voilà repartie dans un tourbillon de jupons à franges. Plus elle vieillit, et plus elle affirme son identité gitane. Ses six enfants sont tous grands et autonomes, et elle me montre régulièrement les photos de ses petits-enfants, qui surgissent les uns après les autres le plus naturellement du monde. « Tes petits cousins », me glisse-t-elle, émue. Elle respecte ma volonté de rester en retrait. La décision du juge est expirée depuis belle lurette, et rien officiellement depuis mes dix-huit ans ne m'empêche d'aller à la rencontre de cette famille inconnue qui, paraît-il, m'attend à bras ouverts. Rien, sauf l'essentiel, cette espèce de barre sur ma poitrine qui m'empêche de respirer quand j'imagine me trouver en face d'eux. En face de lui.

Sabrina ne me parle jamais de mon père. Lorsque j'ai fêté ma majorité, elle m'a confirmé qu'il était sorti de prison deux ans auparavant, et qu'il était retourné vivre dans sa communauté, ici même. Elle ne m'a donné aucun détail sur son état de santé, sur sa vie, ne m'a montré aucune photo. Devant mon mutisme, elle a souri, caressé mon front en soulevant une mèche de cheveux comme lorsque j'étais petit, et m'a dit que j'étais beau. Qu'elle était fière de moi et que j'étais quelqu'un de bien. On aurait dit qu'elle voulait me rassurer, un peu comme une mère insuffle à son enfant le courage d'abattre des montagnes alors qu'il se sent aussi vulnérable qu'un chaton. Son parfum vanillé et ses créoles dorées sont toujours pour moi un refuge, un repère maternel, quoi qu'on en dise. Les bras de ma grand-mère n'étaient ni doux ni chaleureux, tout au plus m'embrassait-elle gentiment quand on se retrouvait après l'école ou que je m'étais fait mal en tombant, mais cette chaleur, la douceur folle des mains de Sabrina, cette senteur que je reconnais encore entre mille, je les adorais et j'y suis toujours extrêmement sensible.

C'est la dernière corrida cet après-midi, et je n'en suis pas fâché. J'ai beau avoir grandi au sein de la culture camarguaise, je ne suis pas fan des mises à mort, de quelque ordre qu'elles soient. Mes grands-parents étaient au contraire de vrais aficionados, ils avaient leurs toreros et matadors star et, pour un peu, ma grand-mère m'aurait inscrit à l'école taurine d'Arles. Il n'aurait plus manqué que ça. Passer mes dimanches dans les manades et assister aux ferrades au printemps était pour moi amplement suffisant. Les amis manadiers de mon grand-père s'amusaient à m'initier au marquage au fer de leur bétail, mais ces expériences ne m'ont jamais amusé. J'ai encore dans mes narines l'odeur de la chair brûlée et j'entends les cris plaintifs des pauvres bêtes terrorisées, tandis que la plupart des gamins de mon âge, surexcités par le jeu et le sang, auraient vendu père et mère pour être à ma place. On ne se refait pas. Emma aussi a en horreur les corridas et tout ce qui touche de près ou de loin à la maltraitance animale, alors je ne lui en parle même pas. Savoir qu'un taureau de combat est glorifié après sa mort pour avoir été assez brave ne rend pas les râles de douleur qu'il pousse en s'effondrant dans la poussière plus acceptables.

Les huées que j'entends jusque dans ma boutique me font croire que la pauvre bête mise en pâture aujourd'hui ne sera pas graciée. Ou alors c'est le torero qui déçoit ses fans en n'enchaînant pas les figures attendues. Dans tous les cas, cela signifie que les spectateurs sortiront de là frustrés et mécontents, qu'ils dépenseront moins d'argent ce soir, et qu'ils risquent en plus de s'alcooliser un peu trop. Je grimace. Harassé par ma journée, il me tarde simplement de retrouver Emma et notre petit havre de paix, loin de cette foule bruyante dans des rues qui, après trois jours de fête, empestent l'urine et le pastis.

Je l'appelle pour lui dire de ne pas me rejoindre comme prévu. Notre paëlla Place du Forum va se transformer en petit dîner en tête-à-tête à la maison. « Ça tombe bien, Mireille m'a refilé des tielles sétoises pour ce soir », me sourit-elle au téléphone.

Aussitôt mon dernier client servi, je ferme la boutique en soupirant d'aise. Je cadenasse soigneusement la vitrine en prévention de la nuit à venir. Les fins de féria sont toujours terribles, j'en sais quelque chose. Lorsque j'étais plus jeune, je passais des nuits entières à errer de bodega en bodega à la recherche de filles faciles, de sensations fortes et de blagues pourries entre potes de plus en plus avinés au fur et à mesure que le ciel pâlissait. On se retrouvait alors sur une quelconque terrasse à observer le soleil se lever, en finissant nos bières et en refaisant le monde pour ceux qui arrivaient encore à aligner deux mots. Je suis content d'avoir vécu ces moments-là. Ils me permettaient de me sentir comme tout le monde.

Lorsque j'arrive en bas de chez moi, un petit attroupement bruyant me fait soupirer d'agacement. Même ici, pas moyen d'avoir la paix ! C'est en m'approchant de plus près que j'aperçois la canne de John tournoyer furieusement en l'air et menacer les têtes présentes de ses moulinets impétueux.

— Bandes de crétins ! *Get out ! Leave me alone !*

Trois gars de mon âge environ, goguenards et visiblement bien imbibés de pastaga, s'amusent à provoquer le vieil homme.

— Alors pépé, d'où tu viens ? C'est pas un accent de chez nous ça, peuchère !

— Allez, file-nous une Marlboro et on te laisse rentrer chez toi.

— Crève !

Il n'a pas froid aux yeux, mon Irlandais. Je fais signe à Victor de me rejoindre, et à nous voir arriver, l'air menaçant, les trois péquenauds ne demandent pas leur reste. « Si on peut plus rigoler », marmonnent-ils en s'enfuyant, la queue entre les jambes. Je ne vois pas ce qu'il y a de drôle à malmener un vieillard, aussi virulent soit-il. Mais John est encore furax, et il s'en prend à nous comme si nous étions responsables de la débauche de cette ville.

— Quels petits cons ! J'en étais sûr, vivre ici, c'est… c'est… *shit* !

Il ne trouve plus ses mots et s'énerve encore plus. Il en tremble de colère. Je lance un coup d'œil impuissant à Victor. Est-ce qu'on peut le laisser seul dans cet état ? Il ne faudrait pas qu'il ait un problème de cœur ou je ne sais quoi. Emma, qui a assisté à la scène depuis notre balcon, arrive tout essoufflée.

— Allez, John, *come on*, on va boire un petit coup tous ensemble, *everything is fine*…

Elle passe son bras autour de celui du vieil homme, et il se calme instantanément. Ses yeux bleus plongent dans ceux d'Emma, et il bredouille quelques mots incompréhensibles. Lui aussi a succombé à son charme, semblerait-il.

Nous nous retrouvons tous dans mon petit appart, qui a retrouvé son désordre légendaire, et je tente de faire de la place comme je le peux sans abîmer les œuvres d'Emma. Elle me rassure d'un clignement d'œil, rien n'est achevé, tout peut encore être bouleversé.

Au moment où j'allais fermer la porte d'entrée, Rosalie passe une tête curieuse par la sienne, juste en face.

— Il y a bien du barouf, chez vous ! J'espère que ça va pas durer toute la nuit, hein, parce que depuis trois jours, moi, je ne dors plus avec tous ces fadas dans les rues…

— Mais non, Rosalie, c'est ce pauvre John qui s'est fait embêter devant la porte. On va juste boire un coup pour qu'il se remette de ses émotions. Venez ! Vous ferez connaissance, comme ça !

— Avec ce malotru ? Vous plaisantez ?

— Oh ça va, Rosalie, il aboie, mais il ne mord pas, promis. Appelez Mireille et venez toutes les deux, on grignotera vos tielles en apéro !

Elle maugrée un juron en provençal, mais je perçois une lueur de contentement derrière ses petites paupières fripées.

Un quart d'heure plus tard, mes deux perruches toquent à la porte, les bras chargés de victuailles.

Les trois petits vieux se scrutent, l'air mauvais. Victor, Emma et moi échangeons des regards amusés. Qui dégainera en premier ? Avant que John ne leur envoie une de ses amabilités, Emma flanque d'office entre les mains de Mireille un verre de sangria et invite Rosalie à faire de même.

— Je l'ai préparée hier sur tes bons conseils ! Elle est délicieuse.

— Et toi, tu ne la goûtes pas, ma belle ?

Prise en flagrant délit de mensonge, Emma rougit. Je vole à son secours.

— La pauvre a eu une grosse migraine hier soir, mieux vaut éviter l'alcool.

Elle me lance une œillade reconnaissante, et porte un toast avec son verre de limonade pour faire diversion.

— Allez, à nous tous ! Aux nouveaux comme aux anciens, *welcome* John l'Irlandais !

Elle ponctue sa phrase d'un rire joyeux et le pousse du coude. Ma parole, on dirait presque qu'il se met à rougir sous sa casquette à pompon. Mireille et Rosalie observent la scène en se gardant bien de prononcer la moindre parole agréable, elles ont encore en mémoire les piques du vieil homme. J'ai appris qu'hier soir, il les avait encore bousculées à la boulangerie en leur reprochant de bavarder comme des pies et de faire perdre leur temps à tout le monde. Bon, l'entente cordiale est loin d'être gagnée, mais si, au moins, ils peuvent se supporter dans la même pièce le temps d'un apéro, ce n'est déjà pas si mal. Comme si elle lisait dans mes pensées, Emma entreprend de tous les faire asseoir sur le petit canapé, et finit de débarrasser nos voisines de leurs tupperwares.

— Vous nous avez gâtés ! Des olives fourrées aux amandes, j'adore ça ! Et des petites fougasses, hum goûtez-moi ça, John, vous allez adorer.

Il croque d'un air méfiant dans la pâte parfumée au thym fourrée aux lardons, et je souris de voir son visage s'adoucir malgré lui. L'air satisfait de Mireille me porte à croire qu'il s'agit de son œuvre, et je la félicite. Elle rosit de plaisir.

— *Vaï*, c'est rien du tout ! Ta grand-mère en faisait de bien meilleures.

Je songe un instant que mes grands-parents auraient sûrement pris plaisir à partager ce moment avec nous. Un bref regret me harponne. J'aurais bien aimé qu'ils sachent, pour le bébé.

15

Emma tourne en rond, ramasse un coussin, une chaussure, engueule Gary, goûte le plat en train de mijoter dans la casserole à feu doux, s'en prend à moi qui suis vraiment trop bordélique… Je lui demande si c'est l'hôpital qui se fout de la charité, mais au regard noir qu'elle me lance, je sens que ce n'est pas le moment de l'asticoter.

— Mais calme-toi ma puce ! On ne reçoit pas la reine d'Angleterre, tu as dit toi-même que ma tante était adorable, alors ne t'inquiète pas !

— Oui, je sais. Mais c'est la première fois qu'on la reçoit à dîner, et puis, tu sais bien, elle compte tellement pour toi ! Peut-être qu'elle me trouve trop jeune pour avoir un bébé, qu'est-ce qu'elle va en penser ?

J'éclate de rire.

— Je te rappelle qu'à ton âge, elle était déjà mère de famille nombreuse ! Tu sais bien que, pour les gitans, les gamins, c'est sacré. Arrête de t'en faire pour rien, tu stresses Gary.

À l'appel de son nom, l'intéressé dresse l'oreille et vient poser sa tête sur mes genoux comme pour se faire pardonner ses innombrables bêtises. Cette fois-ci, il n'a pourtant rien fait d'autre que semer ses poils partout dans l'appartement, ce dont nous avons l'habitude.

— Et si le bébé était allergique aux poils ?

— Non, mais tu es sérieuse ?

— Oui, quand j'étais petite, j'éternuais tout le temps au printemps, si ça se trouve, le bébé sera comme moi ? J'espère qu'il n'aura pas d'eczéma, j'ai vu une petite fille dans sa poussette l'autre jour, c'était horrible, couverte de croûtes des pieds à la tête avec une peau crevassée de partout, on aurait dit un crocodile !

Je la regarde, un peu ahuri. Emma est tellement insouciante en temps normal, je ne la reconnais plus. Je décide de ne pas prêter attention à ces inquiétudes, peut-être normales chez une femme enceinte, après tout, je n'en sais rien. Je la prends dans mes bras et elle soupire, vaguement contrariée.

— Tu me prends pour une folle, hein ? Avoue.

— Mais non, chérie.

Elle me flanque un coup de poing dans l'estomac qui me coupe le souffle.

— Sois sincère avec moi ! Je ne veux pas que tu changes ! Avant, tu te serais bien foutu de moi, on se serait disputés et tu m'aurais fait l'amour sur le canapé ! Ça va être quoi notre vie, maintenant ?

Je reste stupéfait par ce débordement soudain de colère qu'elle me crache à la face et, en même temps, je la retrouve dans toute sa fougue et ses excès. Elle a raison, je n'ai pas à devenir hypocrite pour soi-disant la ménager, alors qu'elle a toujours eu en horreur les faux-culs.

— OK. Alors, tu débloques complètement et tu te transformes en mère poule débile avant même que ce marmot n'ait des doigts de pied en bonne et due forme. Cet avorton ne ressemble encore à rien et, pourtant, il nous fait déjà tourner en bourrique. C'est mieux, comme ça ?

— C'est mieux. Mais, pour ta gouverne, cet avorton a déjà un cœur qui fonctionne et tous ses organes sont formés, je te signale.

— Petite peste, tu veux toujours avoir le dernier mot, on va voir qui est le plus fort.

Je la saisis à bras le corps et la projette sur mon épaule comme un sac à patates. Elle hurle et éclate de rire en même temps. Nous finissons sur le lit, essoufflés et excités, heureux comme des gosses.

— Alex, bête de sexe, fais-moi l'amour ou je ne réponds plus de mon corps…

La réplique culte du film Top Gun qu'on a visionné la veille produit l'effet escompté. En moins de deux, nous sommes nus et imbriqués l'un dans l'autre sans plus penser à ce petit être envahissant qui perturbe nos jours et nos nuits. Le corps d'Emma n'a pas bougé, son ventre est toujours aussi plat, sa poitrine vaguement renflée reste un buste d'ado qui a grandi trop vite, seul l'éclat de ses yeux qui brillent toujours un peu plus qu'avant me rappelle son état. Mais pour l'heure, je m'en contrefous. Nous jouissons ensemble, dans un grand éclat de rire.

Sabrina arrive à l'heure dite, un bouquet de fleurs sauvages dans une main, son gros sac sans lequel elle ne se déplace jamais dans l'autre. Je m'émeus de remarquer quelques fils d'argent dans sa belle chevelure noire. Elle m'embrasse, et je hume en douce son parfum vanillé, comme avant.

— Comment ça va, mes enfants ?

Sa tendresse naturelle emporte tous nos doutes, surtout ceux d'Emma. Je la vois se détendre physiquement lorsque Sabrina la prend à son tour dans ses bras. Ma tante desserre son étreinte et maintient ma jeune compagne devant elle, scrutant son visage, les mains fermement agrippées à ses frêles épaules. Emma rosit. Sabrina tourne la tête vers moi et cligne de l'œil avant d'orienter à nouveau le velours noir de ses yeux vers Emma. Son expression s'adoucit encore lorsqu'elle lui demande tout doucement « C'est pour quand ? ».

Nous écarquillons les yeux. Emma me fusille du regard.

— Je te jure que je ne lui ai rien dit ! Comment tu as deviné, tata, c'est pas possible, tu es médium ?

— Haha, peut-être bien ! Ces choses-là, moi, je les ai là !

Et elle cogne son cœur de sa main droite, faisant scintiller ses breloques dorées. Elle sourit, ravie à la fois de nous avoir démasqués et de cette belle nouvelle qui la remplit d'aise.

— Je prierai pour vous, mes petits, je remercierai le ciel, *Del* quelle merveille, quel bonheur ! Cet enfant va être beau comme un astre !

— Surtout s'il tient de sa mère !

— Comment oses-tu dire ça ? Mon beau petit garçon…

La larme à l'œil, Sabrina me serre à nouveau fort contre elle, et je me laisse aller à la chaleur de son étreinte maternelle. En moi-même, j'espère toujours secrètement que ce bébé ressemblera plus à sa mère qu'à moi, pour des tas de raisons, conscientes et inconscientes.

Des éclats de voix dans le couloir interrompent nos effusions. Emma ouvre grand la porte.

— Espèce de vieux fou ! Y en a marre maintenant, vous n'allez pas faire la loi ici, c'est chez moi et personne n'a le droit de me dire ce que je dois faire ou pas ! Oust, *goujatau* !

— *Damn old goat* !

Emma pouffe de rire en me glissant par-dessus son épaule que John vient de traiter Rosalie de « satanée vieille bique ». Ça ne s'arrange pas. Nous comprenons à grand mal que notre Irlandais s'est pris les pieds dans le paillasson de Rosalie et qu'il a failli valser dans les escaliers. Il a eu tellement peur qu'il a cogné sa canne contre la porte de cette dernière en balançant l'objet du délit à travers son salon.

Les joues de ma voisine sont rouges de colère, et son petit menton flasque tremblote d'indignation. Elle nous prend tous à partie.

— Vous vous rendez compte ! Vous voyez comment il me traite ? Il m'a presque jeté le paillasson à la figure ! C'est pas ma faute s'il est bigleux, personne ne s'est jamais pris les pieds dedans avant lui, sans blague Alexandre, vous pouvez témoigner non ?

— Calmez-vous, Rosalie, on va se détendre un peu.

— Qu'est-ce qu'il se passe encore ici ? *Diéu* ma chérie, tu es toute rouge !

Voilà Mireille qui monte l'escalier aussi vite qu'elle le peut, alertée par les cris de sa vieille amie. Mes perruches sont solidaires, envers et contre tous.

Se sentant à nouveau menacé par le nombre, John recommence à brandir sa canne comme un fou furieux. Il ôte son béret à pompon et nous découvrons qu'il cache une magnifique chevelure blanche qui auréole son visage et fait ressortir ses petits yeux bleus perçants.

Encore une fois, c'est Emma qui apaise tout ce petit monde.

— Allez, venez tous à la maison. Entre voisins, on doit s'entraider. Ce n'est plus possible cette ambiance, voyons. Vous êtes tous raisonnables, qu'est-ce que c'est que ces enfantillages !

Elle les gronde comme une maîtresse qui prendrait ses petits élèves en flagrant délit de bagarre, et j'admire sa gentillesse à la fois ferme et efficace. J'espère qu'elle agira de même avec notre futur bambin.

Les trois terribles têtes blanches n'en mènent pas large, et entrent à la queue leu leu en marmonnant. J'ai l'impression de revivre la scène de la semaine dernière. Je glisse en douce à Emma qu'il ne faudrait pas que ça devienne une habitude tout de même, ces apéros de rabibochage du troisième âge dans notre petit chez-nous. Elle me gronde des yeux et je fais comme les autres, je ne moufte pas.

Sabrina observe la scène avec des yeux ronds depuis le début, et je vois bien qu'elle meurt d'envie d'y rajouter son grain de sel, ce qui ne manque pas d'arriver.

— Et alors, monsieur John, on ne parle pas aux dames de cette façon ! Si vous le lui demandiez gentiment, je suis sûre que Rosalie serait d'accord pour enlever son paillasson du milieu. N'est-ce pas ?

Ma perruche acquiesce de mauvaise grâce, elle n'a pas encore digéré la « vieille bique ». Mireille la soutient en silence, hochant vigoureusement la tête. John tripote son pompon, et louche du côté des apéros.

Emma en profite pour faire diversion.

— Un petit whisky glacé, John ? Léger, hein, il est encore tôt !

— Oh vous savez, à mon âge, ça réchauffe surtout le cœur.

Mireille et Rosalie haussent un sourcil réprobateur. Elles ont bien remarqué les allées et venues du vieil homme au bar du coin, et sa démarche chancelante au retour ne fait pas de doute sur la quantité ni sur la qualité de ce qu'il y ingurgite.

— Pour ma part, ça sera un jus de fruits, Emma, demande Rosalie d'un petit air pincé.

— Pfff…

Au tour de John de hausser un sourcil dédaigneux. Il lève son verre en direction de ses voisines et le porte à ses lèvres d'un air de défi.

— *Cheers* !

— Qu'est-ce qu'il a dit encore ?

Rosalie est de nouveau toute rouge, prête à monter au créneau. Emma intervient aussitôt.

— Mais rien, au contraire, il trinque avec vous. À la vôtre !

Contrairement à la dernière fois, l'atmosphère reste électrique. Nos trois petits vieux se regardent en chiens de faïence, prêts à s'étriper au moindre faux pas.

Soudain, le visage d'Emma s'éclaire. Elle se lève gracieusement et observe les visages fanés qui l'entourent. Je crois deviner son intention et je souris intérieurement.

Pour une fois, elle porte une simple petite robe blanche au lieu de ses jupons colorés superposés. Ça lui va bien. On dirait un elfe.

— J'ai quelque chose d'important à vous dire, mais seulement si vous me promettez d'arrêter de vous disputer tout le temps.

— On ne se dispute pas, proteste aussitôt Rosalie, c'est lui qui…

— Ta ta ta ! Qu'est-ce que je viens de dire ?

De vrais gosses. Sabrina et moi échangeons en douce un sourire, attendris aussi bien par l'instant un peu solennel que par les mines bougonnes, mais curieuses, de nos petits vieux.

— Voilà. Alex et moi allons avoir un bébé. C'est prévu pour le printemps prochain.

Les joues de Mireille et Rosalie rosissent en même temps. Elles se lèvent aussi vite que le leur permettent leurs hanches rouillées, mais Mireille est la plus rapide. Elle enlace aussitôt Emma et l'embrasse comme du bon pain. Mes perruches se bousculent presque pour la prendre dans leurs bras et commenter à qui mieux mieux l'événement. Plus on vieillit, plus ça doit sembler miraculeux, ce genre de nouvelle.

John est resté assis et marmonne dans sa barbe. Il n'a pas l'air content.

— *I don't understand, what's she saying?*

Je m'assieds à côté de lui et souris en posant ma main sur son épaule. Ses petits yeux bleus me scrutent sans aucune gentillesse, je ne sais pas trop ce qu'il s'imagine.

— *She's pregnant, John. That's all.*

Emma me rejoint de l'autre côté du vieil homme, et il se tourne aussitôt vers elle. Je ne vois pas l'expression de son visage, mais je devine au léger tremblement de ses mains parcheminées qu'il est ému, malgré ses airs de vieux dur à cuire. Il n'est plus question d'asticoter les voisines, Emma a gagné.

Lorsque tout ce petit monde s'en retourne enfin à ses pénates, je préviens Emma qu'elle va devoir affronter tous les jours la curiosité de nos perruches, qui n'auront rien de mieux à se mettre sous la dent pour les mois à venir, à part les frasques de John, bien entendu.

Elle rit, parfaitement insouciante.

— Ce n'est pas grave. Mireille me rappelle tellement ma grand-mère, je suis contente qu'elles soient au courant toutes les

deux. Même John a dit moins de gros mots que d'habitude !
C'est bon signe, non ?

— Bon, maintenant, ne tarde pas à l'annoncer à Victor, il va
mal le prendre s'il ne l'apprend pas de ta part.

Elle hausse les épaules comme si j'étais un demeuré.

— Il le sait depuis longtemps.

16

Emma dort. Toujours dans la même position, sur le côté gauche. Son souffle régulier soulève à peine son épaule si frêle. La bretelle de sa nuisette a glissé sur son bras, mais je n'ose pas la remettre en place. Un simple effleurement pourrait la réveiller. Quoique, depuis qu'elle est enceinte, il me semble que son sommeil est plus profond qu'avant. Je me contente de remonter doucement la couette afin qu'elle ne prenne pas froid.

Le temps s'est brutalement rafraîchi depuis quelques jours. Des rafales de mistral nous glacent le sang lorsque je sors Gary sur les quais. D'ailleurs, ce dernier ne se fait pas prier pour rentrer directement après avoir assouvi ses besoins. Même les chats du quartier peuvent se balader tranquilles. La truffe au vent, les oreilles en berne, mon pauvre chien se réfugie entre mes jambes pour tenter de se protéger de ce froid vif qui surprend tout le monde. Les gens du sud ne sont pas habitués à cette atmosphère grise et refroidissante. Mireille et Rosalie ne mettent plus un pied dehors, sauf pour se ravitailler à la boulangerie, et les touristes ont déserté ma boutique depuis belle lurette.

Les heures m'y paraissent longues, désormais. Le matin, j'ai du mal à quitter Emma, et je prends de plus en plus mon temps pour boire un petit café ou un chocolat chaud avec les commerçants du quartier. Je tarde à venir ouvrir mon échoppe, dont les portes restent désormais fermées à cause du froid. Plus d'étalage, plus de promotions, plus d'allées et venues. L'heure est à l'introspection. Chacun rentre dans sa coquille, son terrier, son refuge, quel qu'il soit.

J'attends impatiemment le regain d'activité qui ne manquera pas d'arriver avec les fêtes de Noël, et je tue le temps en préparant mes futures promotions, décorations diverses et coffrets cadeaux. C'est une période qui ne m'a jamais transporté de joie. Noël, et mes copains de l'école qui sautillaient d'impatience en attendant les vacances, qui en revenaient les yeux brillants de joie en racontant leurs cadeaux formidables, leur sapin qui touchait le plafond et les jours de fête à rallonge en famille… De mon côté, c'était tout juste si on sortait un petit sapin en plastique qui puait la naphtaline, toujours le même, avec ses pauvres boules un peu ternes et sa guirlande lumineuse qu'on n'allumait que le soir de Noël.

Seule la crèche avait le pouvoir de m'enchanter, une vraie crèche provençale à l'ancienne, avec des santons si beaux et si fragiles que ma grand-mère m'interdisait formellement d'y toucher. « On touche avec les yeux ! » me grondait-elle lorsque je m'en approchais de trop près. Une année, je l'ai prise au mot et j'ai littéralement collé mon œil sur la vierge Marie, elle n'était pas contente. Mon grand-père a souri, c'était sa façon à lui de rire aux éclats depuis que sa fille était morte. Il me semble que je ne les ai jamais vus heureux, en tout cas pas comme dans les autres familles, celles que je pouvais observer le dimanche dans les manades, ou le mercredi lorsqu'un copain m'invitait à prendre le goûter chez lui. Avec mes grands-parents, il y avait toujours une retenue, une forme de pudeur qui empêchait de réellement se laisser aller, de sourire avec les yeux comme

Sabrina le faisait. Quand je la retrouvais après les vacances de Noël, j'attendais fébrilement le petit cadeau qu'elle ne manquait jamais de m'offrir, et qui était toujours tellement plus chouette que tous ceux que j'avais reçus jusqu'alors. Elle me gavait de friandises, de bisous, de mots tendres. Elle était ma lumière au sein de ce tunnel fade de jours tous semblables à eux-mêmes dans cette vie grise, petite, de personnes âgées tristes d'avoir perdu leur raison de vivre. Ils survivaient, par égard pour moi. D'ailleurs, lorsque j'ai quitté la maison, ils sont décédés peu de temps après, l'un après l'autre, sans faire de bruit, sans embêter personne. Ils avaient rempli leur contrat et ils tiraient leur révérence.

Avec le temps, j'ai appris à mieux les comprendre, à respecter leur souffrance, cette haine qui a dû être la leur. Ça devait être difficile, pour eux, de m'aimer entièrement, moi qui étais constitué pour moitié des gènes de l'autre, le mal personnifié. J'incarnais à la fois leur fille et celui qui l'avait tuée. Cruel mélange pour ces gens simples qui avaient toujours pris garde de ne pas sortir des sentiers battus. Ma grand-mère a souffert encore plus que son mari du regard des autres, des commères, de celles et ceux qui se repaissent du malheur d'autrui. Je les connais tellement bien, ces regards faussement compatissants, cette curiosité malsaine qui permettent aux « bonnes gens » de se rassurer sur leur sort. Je les vomis.

Heureusement qu'Emma n'a jamais eu pitié de moi. Au contraire, même, j'ai senti chez elle une forme de respect lorsqu'elle a découvert mon histoire. Je sens qu'elle brûle de me pousser dans mes retranchements. Elle veut en savoir plus, elle n'a ni tabou ni préjugés à ce sujet. Elle aimerait juste comprendre comment je me suis construit avec ça et comment j'envisage l'avenir. De mon côté, je voudrais simplement qu'elle lâche l'affaire. Ce n'est pas parce que je m'apprête à devenir père que j'ai envie de régler la question de mes origines. Les choses sont ce qu'elles sont, je ne peux rien y changer. Il va falloir qu'elle l'accepte.

Il est minuit. J'enfile mes baskets et me faufile hors de l'appartement, Gary sur mes talons. L'air froid me saisit et je prends un instant pour admirer le ciel clair et les étoiles bien visibles malgré les lumières de la ville, grâce au vent qui me coupe le souffle à nouveau. Mon chien se précipite vers l'antre de Victor, mais la porte est fermée pour garder la chaleur. Je toque pour le principe, et entre sans attendre sa réponse. Il est là, les manches relevées, son éternel casque sur les oreilles, son crâne luisant oscillant au rythme des basses. Je souris en observant ses sourcils froncés. Il est concentré. Gary se frotte vigoureusement contre lui en remuant la queue, ravi de retrouver un ami et la chaleur du fournil. Victor sourit et lève la tête en lui caressant les oreilles. Il ôte son casque et me salue brièvement.

— Salut, mon ami. Je te manquais ?

— Ouais.

— T'as pas un truc à me dire ?

Il m'observe, goguenard.

— Te fous pas de moi, c'est vrai que j'ai l'air con maintenant !

— Mais non, je comprends… C'était peut-être à moi de te dire que j'étais au courant, mais je préférais te laisser le choix, au cas où…

Je hausse les épaules sans savoir quoi répondre. Il me scrute à nouveau.

— T'es content ?

— Bah ouais.

On rit tous les deux.

— Tu m'étonnes que je sois content. Tu te rends compte comment il va être beau et talentueux, ce môme, avec la mère qu'il a ?

— Allez, fais pas le modeste. Toi aussi, t'es beau gosse !

— En tout cas, même si ce n'était pas prévu, lui au moins, il est attendu.

On redevient sérieux.

— On est tous les deux des herbes folles, hein ? Des gamins qui ont poussé comme ils ont pu, là où ils ont pu…

— Exact.

— Ça te fait flipper ?

— Quoi ?

— Tu sais bien… d'avoir grandi sans père, tout ça…

Je réfléchis un moment. C'est une vraie question et j'ai envie d'être sincère.

— Disons que ça amplifie ce que je ressentais déjà. Ça m'oblige à penser à des trucs que j'arrivais à refouler pour me sentir mieux, et, en même temps, je suis heureux. C'est compliqué, en fait.

— C'est le feu d'artifice dans ta tête, mon pote, si tu voyais ton sourire béat…

— Arrête ! Bien sûr que la joie l'emporte, mais…

— Mais il y a un *mais*.

— Voilà.

Il soupire à son tour.

— Je te comprends. Avec l'enfance de merde que j'ai eue aussi, finalement, je suis bien content de ne pas être en couple, c'est plus simple.

— En même temps, tu as quoi, vingt-cinq ans ?

— Vingt-six.

— Bah voilà. Laisse-toi le temps.

— De toute façon, on parle de toi là, je ne vois pas le rapport.

— Et alors ? L'un n'empêche pas l'autre. Si tu as besoin de chouiner sur une épaule, tu sais que la mienne est dispo. Une pour Emma, une pour toi.

Il sourit, amusé. Je lui précise que ce ne sont pas des paroles en l'air, et il me regarde un peu plus sérieusement.

— Je te remercie. C'est juste que j'ai pas l'habitude qu'on fasse attention à moi, en règle générale, alors… Emma a été chouette, ces derniers temps. Vous êtes top, tous les deux. J'ai de la chance.

— En même temps, vu la gueule des voisins, on n'a pas beaucoup de concurrence !

On se moque de nos perruches et du vieil Irlandais irascible, mais on les aime bien au fond. Au fil des mois, on s'habitue les uns aux autres malgré nos vies et nos rythmes si différents, nos écarts de génération et les diversités de nos caractères. Même Gary a su se faire aimer de tous dans cette cacophonie. J'ai surpris Rosalie en train de lui refiler en douce un bout de steak l'autre jour, et je trouve régulièrement un os à ronger soigneusement emballé dans du papier aluminium sur notre paillasson. Les petites attentions réciproques que nous avons les uns envers les autres rendent la vie plus supportable, pour ne pas dire agréable. Je me demande dans quelle mesure la présence d'Emma a rendu tout cela possible. Mon amitié avec Victor aurait été inchangée, certes, mais l'alchimie qui se tisse entre les autres et nous n'aurait peut-être jamais existé. Bon, celle qu'on espère entre mes perruches et John reste à inventer, mais nous avons bon espoir. Ils se tolèrent et se crient moins dessus, c'est toujours ça de pris.

Victor soulève un gros sac de farine et le cale sur son épaule comme s'il s'agissait d'un fétu de paille. J'admire sa carrure et ses biceps saillants. Je ne peux pas m'empêcher de me demander dans quelle mesure Emma y est sensible aussi, mais je me reprends vite. Ils sont quasiment du même âge, et elle a le droit de le trouver beau, ça ne signifie rien. Je lui fais confiance et, même si je n'ai pas une estime de moi démesurée, je ne suis pas parano. Malgré leurs nombreux tête-à-tête, aucun signe ne m'a jamais alerté sur une quelconque attirance potentielle entre eux deux. Comme s'il lisait dans mes pensées, Victor me taquine.

— Bon, alors, quand est-ce que tu m'accompagnes à la salle ? Faut développer tout ça, mon vieux, t'as une super base en plus, regarde-moi tous ces muscles dont tu ne fais rien !

— Et le lever de canette de bière, alors, ça ne compte pas ?

— Pas plus que les tractions sur canapé…

— Tu sais bien que c'est pas mon truc, lever de la fonte.

— Pourtant, ça défoule, je t'assure. Je sais que tu t'ennuies comme un rat mort au fond de ta boutique. Tu n'as pas envie de décompresser un peu, le soir ?

— Si ! Mais je le fais en promenant Gary ou en prenant un apéro avec Emma, ça me suffit. Et puis, de toute façon il vaut mieux que je ne m'habitue pas trop à prendre du temps pour moi, si tu vois ce que je veux dire.

— Ouais, pas faux. C'est pour ça que je me sens très bien tout seul, tu vois !

Il éclate de rire en me donnant un faux coup de poing sur l'épaule qui me fait quand même un peu mal. Je riposte et Gary s'en mêle, surexcité. Il aboie joyeusement en sautillant autour de nous comme s'il voulait participer à la bagarre.

— Chut ! Espèce de chien débile, tu vas réveiller tout l'immeuble !

— Pauvre vieux, il voulait juste jouer avec nous…

— Franchement, si tu as envie d'affronter la mère Rosalie en peignoir et bigoudis en plein milieu de la nuit, je te laisse ce plaisir.

— Ça sent le vécu !

— Chaque fois qu'on rentre un peu tard de balade et que Gary ne s'est pas assez dépensé, on a droit à son procès. Même Emma incrimine ses poils, elle a peur que le bébé y soit allergique.

— Sérieux ? Je ne la vois pas comme une mère stressée, pourtant.

— Moi non plus, mais je trouve qu'elle change depuis quelque temps.

— Comment ça ?

— Elle est à fleur de peau, elle s'énerve facilement. Si j'ai un peu de retard, je la retrouve presque en larmes parce qu'elle s'imagine que j'ai eu un accident, ou pire encore… Et puis elle ne crée plus beaucoup.

— Sûrement les hormones, tout ce bordel, nan ?

Je souris et acquiesce. Victor n'est pas plus au fait que moi des mystères de la grossesse. Tout en me parlant, il surveille attentivement la cuisson de son pain. Une odeur divine se répand dans l'atelier et il m'offre une brioche encore chaude parfumée à la fleur d'oranger.

La nuit est calme, profonde. On ne parle plus. Je mastique ma viennoiserie en savourant le silence qui s'insère jusque dans les

moindres replis de mon cerveau. Même Gary s'est assoupi en
rond à mes pieds, vaincu par la torpeur languide de l'instant. Au
bout d'un long moment, je referme ma veste et prends congé de
mon ami solitaire. Lorsque je me retourne pour lui faire un
dernier signe, il a déjà remis son casque sur ses oreilles, et bat à
nouveau la mesure au rythme d'un rap endiablé.

17

J'ai minimisé mes craintes. Je n'ai pas voulu confier à Victor mes réelles inquiétudes à propos d'Emma. Pas encore. Je dois d'abord m'habituer à cette nouvelle personne que je découvre jour après jour, à ces sautes d'humeur imprévisibles, à ces crises d'angoisse qui la submergent comme une vague géante au cœur de laquelle elle donne l'impression de se noyer. Je n'ose plus partir le matin, je rentre en avance le soir. Je ne reconnais plus ma fée Clochette.

Avec les autres, elle parvient à donner le change, ce qui me rassure en un sens. Je me dis que la situation est encore réversible et sous contrôle. Elle passe du temps chez Mireille, converse de longs moments avec Victor, colle une bise à John ou tire familièrement sur son pompon lorsqu'elle le croise, et n'hésite pas à prétexter une lassitude due à son état lorsqu'elle veut rester seule.

Ils n'y voient que du feu, y compris Victor. Il n'y a que moi pour partager ces moments où elle perd le contrôle d'elle-même, où elle devient une autre. J'ai alors beau chercher ma petite blonde délurée, je ne la retrouve plus. Elle se mue en une sorte de jeune femme effrayante, hagarde, les traits déformés par l'angoisse et les pleurs. Ou alors elle reste de longues heures assise dans la même position, la bouche légèrement entrouverte, les yeux dans le vide. Un jour, je suis parti travailler le matin en la laissant dans cet état un peu léthargique, revêtue d'un de mes tee-shirts qui recouvrait ses cuisses. Je l'ai embrassée sur les lèvres, elle ne m'a ni rendu mon baiser ni même regardé. Je suis parti, la boule au ventre. Gary n'en menait pas large non plus, oreilles basses et grands yeux tristes, comme s'il ressentait la morosité inquiétante de sa jeune maîtresse. J'ai fermé entre midi et deux pour venir la retrouver, elle n'avait pas bougé d'un iota. Assise à la même place sur le canapé, dans la position exacte où je l'avais laissée, elle avait simplement ramené le tee-shirt sur ses genoux pour avoir moins froid. J'avais aéré en partant et elle ne s'était même pas levée pour refermer la fenêtre, comme si elle ne sentait pas le vent glacial envahir la pièce.

Je suis plutôt taiseux dans le genre. Mes grands-parents ne m'ont jamais habitué aux grandes déclarations, c'était même plutôt l'inverse, chez eux, l'espace était rempli de silences et de sujets tabous. J'ai appris aussi rapidement à ne pas me confier facilement à qui que soit. Ne rien dire, par honte ou pour être peinard, tout simplement.

Alors, j'ai du mal à interroger Emma. Sa peine et ses angoisses m'inquiètent, même si ce fonctionnement inattendu et atypique ne m'est pas étranger. Je ne me suis jamais senti comme tout le monde, aussi les gens bizarres ou hors normes ne me dérangent pas, au contraire même. J'aime bien les cabossés, les malheureux, les authentiques. Ils me sont familiers.

Et puis, ça changerait quoi, de savoir pourquoi Emma débloque ? Elle doit bien se douter que je me pose des questions, je préfère qu'elle se sente prête. Je sais bien que certains aveux sont douloureux. S'il y a un loup, je le découvrirai assez tôt comme ça.

Nous nous réveillons ensemble ce matin, juste avant la sonnerie du réveil. Elle me sourit, ses yeux pétillent. C'est un bon jour.

— Regarde ! me dit-elle fièrement.

Elle s'allonge sur le dos et se cambre, ses petits seins fièrement pointés vers le plafond. Je me penche aussitôt pour téter l'un d'entre eux, mais elle éclate de rire en me donnant une petite tape sur l'arrière du crâne.

— Mais non, espèce de pervers ! Regarde mon ventre !

Elle tend son index vers le léger renflement qui soulève à peine sa nuisette écrue. C'est mignon. J'ai toujours du mal à visualiser le petit être qui grandit là-dedans.

— Tu te souviens que c'est pour aujourd'hui ?

— Oui, bien sûr. Tu as toujours envie que je t'accompagne ?

— À ton avis ?

— OK. Sabrina me remplacera à la boutique comme convenu. On n'en a pas pour plus de deux heures ?

Emma ouvre des yeux ronds.

— Sauf s'il y a un problème…

— Il n'y aura pas de problème.

Je la cueille rapidement au lever et l'entraîne dans une danse improvisée pour l'empêcher de gamberger. Ça marche, elle se laisse prendre au jeu et me suit en riant.

L'odeur du café lui donne la nausée, aussi ai-je pris l'habitude de le prendre dehors. Elle sirote un thé au jasmin pensivement, tandis que je fais frire des œufs. Sans bacon pour elle. Tartines grillées, beurre demi-sel et confiture de prunes maison offerte par Rosalie. Nous nous régalons d'un petit déjeuner de rois.

Nous avons rendez-vous à onze heures pour sa première échographie. Peut-être vais-je enfin réaliser qui se cache sous cette bosse timide ? Emma n'a pas l'air spécialement inquiète, mais je la sens nerveuse lorsque je la quitte. Une ombre fugitive passe dans ses beaux yeux. « Ne sois pas en retard », me supplie-t-elle. Mais non. Pourquoi le serais-je ?

Je reviens comme promis à dix heures trente et nous partons, bras dessus bras dessous, à la découverte de notre destin. Le cabinet du gynécologue est en ville, nous décidons d'y aller à pied. Il fait toujours aussi froid. Emma se cache derrière son béret et son écharpe aussi rouges que le bout de son nez. Elle garde les paupières baissées la plupart du temps, même lorsqu'elle me parle.

Je sens poindre une angoisse qu'elle me communique involontairement par sa gestuelle, son corps un peu plus crispé que d'habitude serré contre le mien, sa démarche raide. Elle esquisse un mouvement rotatoire de la nuque et se plaint de douleurs cervicales. Je lui propose un massage au retour, elle hausse les épaules. Ça ne changera rien. Bon. Nous arrivons dans la salle d'attente surchauffée du gynéco. La secrétaire nous regarde à peine et nous prévient qu'il y aura du retard, une urgence à la clinique. Emma soupire bruyamment et je m'inquiète pour Sabrina. C'est seulement la deuxième fois que je l'appelle à la rescousse, j'espère qu'elle saura se débrouiller avec la caisse. Je lui fais entièrement confiance, mais elle manque un peu de pratique.

Au bout d'une heure d'attente, je connais par cœur les moindres défauts des patientes qui s'entassent autour de nous dans les petits fauteuils. Certaines sont si grosses que j'ai du mal à détacher mes yeux de leur énorme ventre. Je suis à la fois fasciné et légèrement écœuré, je n'arrive pas à imaginer Emma dans cet état. Elle feuillette nerveusement un magazine destiné aux futurs parents. Je l'entends ricaner fort peu discrètement.

— Qu'est-ce qu'il y a ?

— Bienvenue dans le monde des Bisounours, où tout est rose, facile et mielleux à souhait. Regarde ça.

Elle me tend une double page où la photo d'une femme enceinte souriante et épanouie câline un bambin de deux ou trois ans. Image idyllique d'une réalité que nous ignorons tous deux.

— Laisse tomber, c'est fait pour vendre leur papier, c'est tout.

— Et si c'était eux qui avaient raison ? C'est normal d'être heureuse et sereine quand on est enceinte, non ?

— J'en sais rien, Emma. Qu'est-ce que ça change ?

— Moi, je ne suis pas comme ça. Et si je n'en voulais plus, de ce bébé ?

Elle a parlé si bas que je doute un instant de ce que j'ai entendu. Mais elle me scrute intensément, les yeux écarquillés remplis de larmes muettes. Elle me supplie de l'aider, de la sortir de là.

— Mon amour… Je t'ai toujours dit qu'on faisait ce que tu voulais, mais maintenant… enfin, je crois qu'il est bien trop tard, non ? C'est peut-être normal d'avoir peur, mais tu n'es pas toute seule. Je suis là.

Elle referme brièvement les yeux, ce qui a pour effet de faire rouler de grosses larmes claires le long de ses joues roses. On dirait une enfant qui vient de se faire gronder.

— Emma Carpentier ? C'est à vous.

Le médecin s'efface pour nous laisser entrer. Il plisse légèrement les yeux à la vue d'Emma, comme s'il notait le fait qu'elle vienne juste de pleurer. Puis il me salue assez froidement. Il doit penser que je suis un pauvre con qui fait pleurer sa femme enceinte. Je m'en fous, je l'emmerde. Moi aussi, je suis stressé. J'ai hâte qu'il ausculte Emma et qu'on se tire d'ici.

Après un échange bref que je n'écoute pas, on se retrouve assez rapidement dans un petit box sombre, Emma le ventre à l'air en position allongée. Le médecin étale un gel froid sous son nombril qui la fait frissonner, puis il fait glisser dessus un petit appareil insignifiant. Un écran s'allume, une image grise apparaît. Emma et moi échangeons un regard inquiet. Pourquoi ne nous parle-t-il pas ? Comme je ne comprends rien à ce que je vois, j'observe le visage du gynéco à la recherche d'un indice quelconque. Son front est plissé, son regard attentif, sa bouche sérieuse. On dirait qu'il compte, vérifie des choses, prend des mesures. Je me détends un peu. S'il y avait quelque chose de grave, il nous l'aurait déjà dit, non ?

Et puis d'un seul coup, un bruit étrange envahit la pièce, comme un roulement de tambour sous l'eau. Emma est la première à réagir.

— C'est son cœur ?

— Oui. Vous avez un beau bébé. Il va très bien.

Emma fond en larmes et, si Victor était là, il pourrait encore se foutre de moi. Cette fois-ci, c'est bien un feu d'artifice dans ma tête qui me donne cet air béat. Je ne comprends toujours rien aux images malgré les explications du médecin qui s'est brusquement radouci, mais ce bruit, cette cavalcade effrénée qui pulsent au rythme de mes propres battements de cœur, je l'entends bougrement bien.

Alors, c'est vrai. Je vais devenir papa.

18

Une douce parenthèse suit ce rendez-vous. Une accalmie dans les angoisses d'Emma, qui se réveille de nouveau sereine et recommence même à sortir ses pinceaux. Je lui recommande de ne pas se fatiguer, mais elle me rit au nez, ses toiles étalées tout autour d'elle, les cheveux à nouveau pleins de paillettes et autres matières improbables dans lesquelles je dérape le soir sans savoir si j'ai marché dans de la colle ou dans une crotte oubliée de Gary. Elle rit.

De mon côté, le mois de décembre s'accompagne enfin d'un regain d'activité, et les journées s'enchaînent dans un joyeux tourbillon. L'ambiance change imperceptiblement dans les rues, un air de fête envahit les vitrines, les passants ralentissent, furètent à la recherche de cadeaux et de bons plans, engueulent leurs mômes qui traînent devant les décorations de Noël, sourient bêtement le nez en l'air lorsque les guirlandes lumineuses de la ville s'illuminent.

Pour la première fois de ma vie, je n'appréhende pas trop cette période si particulière. Je me sens aimé, chanceux. Les parents d'Emma nous ont invités chez eux, à Valenciennes. J'appréhende de faire leur connaissance. Avec mon histoire cabossée et mon parcours professionnel chaotique, je n'ai pas vraiment le profil du gendre idéal. Sabrina m'a promis qu'elle passerait nous voir dès notre retour. Elle devra s'échapper en douce, parce que chez les gitans, Noël, c'est quelque chose. Lorsque j'étais petit et que je me plaignais de la tristesse de cette célébration chez moi, Sabrina me racontait comment ça se passait dans la communauté gitane. La fête était partout, pas dans une seule maison ou un seul appartement, non : elle se déroulait au hasard d'une déambulation infinie au gré des affinités, d'un immeuble à l'autre, tout au long de la nuit et de la journée du lendemain. Les garçons sortaient leurs plus beaux costumes, les filles leurs tenues excentriques et colorées, tout le monde dansait, fumait et mangeait à outrance, très jeunes et vieux y compris.

Je les aperçois régulièrement dans la rue, sur les marchés ou lors des processions annuelles et des férias. Je les trouve vulgaires, bruyants, sans-gêne. Ils me répugnent et me fascinent à la fois. Quand je bois un peu trop et que je me retrouve en bordure d'un coma bienheureux qui engloutit toute lucidité, quand les frontières s'abolissent et que ce qui est bien élevé en moi s'évapore comme une vulgaire fumée, j'ai envie d'aller les retrouver. De me dissoudre avec eux, dans leur fulgurance et leur médiocrité. J'ai envie qu'ils me reconnaissent comme l'un des leurs, je veux fumer et boire, agir à l'instinct, me foutre de ma bonne éducation et des principes de vieux qui ont guidé mon enfance. Je veux oublier pourquoi je les ai reniés. Et puis je dessoule. Et ma répulsion remonte à la surface de ma conscience, comme une huile, une marée noire non miscible avec l'eau de ma vie.

Emma est revenue à la charge une fois au sujet de mon père. Elle ne peut pas s'en empêcher. Je me suis retenu de toutes mes forces pour ne pas l'envoyer paître, parce qu'on venait juste de faire l'amour, qu'on était blottis au chaud l'un contre l'autre et que sa voix était pleine de tendresse. Mais j'ai esquivé une fois de plus sa vraie question, qui restera sans réponse. Elle aimerait savoir si je compte un jour revoir mon père, tenter de faire sa connaissance, même seulement pour l'insulter ou lui cracher dessus, peu importe. Est-ce que je veux me confronter au mystère de mes origines ? Tel un animal effrayé, mon premier réflexe est la fuite, évidemment. L'oubli. Qu'on ne me parle plus jamais de lui et tout ira pour le mieux. Mais une petite réflexion qui se voulait anodine d'Emma hante mes nuits sans sommeil. « C'est marrant que tu sois autant attaché à Sabrina. C'est sa sœur, celle qui a donc le plus de gènes en commun avec lui sur cette planète. Comme si, au fond, tu ne voulais pas complètement le perdre de vue ? Non ? »

Je n'ai pas répondu, j'ai haussé les épaules, comme elle lorsqu'elle élude certaines de mes réflexions. Elle a souri, parce qu'elle savait bien que le ver était dans le fruit. À partir de maintenant, il suffirait d'attendre qu'il soit suffisamment mûr, voire pourri, pour tomber de l'arbre en éclaboussant tout sur son passage. J'espère qu'elle n'a pas dans l'idée de présenter le bébé à son grand-père ou un truc du genre, elle en serait bien capable.

Égoïstement, je me rassure en me disant que ses propres angoisses sont suffisamment envahissantes pour qu'elle ne se prenne pas la tête avec mes problèmes existentiels. Et de fait, ces derniers temps, nous nous sommes plus préoccupés de ses sautes d'humeur à elle que de mes éventuels questionnements.

La douce accalmie n'aura malheureusement pas duré très longtemps. Elle est en train de prendre fin, je le vois à son regard. Et les fêtes de Noël n'y changeront pas grand-chose. La seule à deviner que quelque chose ne tourne vraiment pas rond, c'est Sabrina et ses antennes de sorcière. La dernière fois qu'elle est venue prendre un café à la maison, elle observait Emma en douce, lui posait des questions apparemment innocentes, mais chargées de sens. J'ai su qu'elle avait compris au moment même où elle a franchi le pas de la porte de ma boutique, dès le lendemain matin.

— Alex, dis-moi ce qu'il y a avec Emma. Vous vous disputez ? Qu'est-ce qu'il se passe ?

Au moins, elle met les pieds dans le plat direct. Avec ma tante, on ne tourne jamais très longtemps autour du pot.

— Mais non, tata, ne t'inquiète pas.

— Oh, si je m'inquiète. Tu as vu ses yeux ? Elle a l'air si triste, c'est pas normal quand on attend un petit. Parle-moi, Alexandre.

Aïe, quand elle m'appelle par mon prénom en entier, je redeviens un petit garçon et elle le sait.

— J'ignore vraiment ce qu'elle a, là, je ne te mens pas.

— Mais ?

— Mais c'est vrai qu'elle n'est plus elle-même ! Certains jours, je me dis que tout va bien, et puis, le lendemain, je ne la reconnais plus. C'est la grossesse qui fait ça, tata ?

Je lui lance un regard plein d'espoir, mais elle me sourit tristement en réponse.

— Non, mon ange, non… Emma a un problème. Tu devrais l'emmener voir un docteur.

— Mais elle en voit un ! Elle est suivie par un gynéco tous les mois et tout va bien, enfin, il me semble.

— Non, non, pas un docteur comme ça.

Elle pointe sa tempe avec son index.

— Un docteur de la tête, mon chéri. Avant que le bébé arrive, ça serait mieux.

— Mais pourquoi ? Qu'est-ce que tu racontes ?

Ça ne serait pas ma chère Sabrina, je la jetterais dehors. Qu'insinue-t-elle avec son « docteur de la tête » ?

— Tu crois qu'Emma est folle, c'est ça ?

— Les grands mots, tout de suite ! Je pense qu'elle a besoin d'aide, c'est tout. Et ni toi ni moi ne pouvons y faire grand-chose. C'est ce que je ressens en tout cas, et même si je suis une imbécile de vieille gitane qui n'a pas fait d'études ni rien, ces choses-là, moi, je les ai là !

Elle reproduit le geste qu'elle avait fait lorsqu'elle avait deviné la grossesse d'Emma, en frappant un peu plus fort à l'endroit de son cœur.

Je m'assieds, abattu, indifférent aux lumières de la ville qui clignotent et qui viennent narguer le naïf que je suis. Ah, tu as voulu croire que c'était pour toi, le bonheur ? Tu pensais vraiment y avoir droit ? Mais ton destin est pourri, mon pauvre ami, tu n'as pas encore compris ?

— Alexandre, pas de ça !

— Quoi encore ?

— Je te connais, tu te dis que tu l'as bien mérité ou une autre connerie du genre, je t'interdis ! Ça va s'arranger. Tu dois juste la soutenir. Propose-lui de l'accompagner voir un médecin et elle comprendra. Moi, je me sauve, mon poulet, tout le monde m'attend là-bas.

Sur ce, elle me colle une bise un peu plus appuyée que d'habitude, récupère son grand sac et s'envole dans un tourbillon de jupons colorés. Son odeur de vanille flotte quelques minutes dans l'air, se mêlant au parfum de lavande de mes savons en forme de cigale, puis tout retombe. Mes yeux s'embuent et ça me met en colère. Gary vient se frotter à mes jambes, l'air contrit, comme si tout ça était de sa faute.

Après cet épisode, je ne vois plus Sabrina durant une assez longue période. En parallèle, l'humeur d'Emma s'améliore considérablement. Elle me fait une ou deux visites surprises à la boutique, et nous passons des heures merveilleuses l'un auprès de l'autre, comme si tous ses démons la laissaient enfin en paix. Elle paraît simplement soucieuse à l'idée de partir chez ses parents pour Noël. J'ai un peu de mal à comprendre. Je serais tellement content, moi, de passer un Noël en famille.

Ce soir, ma propriétaire m'a fait une visite surprise. Elle veut étudier avec moi les possibilités de reprise du fonds de commerce, ça fait plusieurs perches qu'elle me tend pour une cession de bail ou même des murs, j'ai des papillons dans le ventre. Je serais tellement fier si je pouvais négocier avec mon banquier ! Offrir à Emma et notre enfant une sécurité matérielle m'obsède ces derniers temps, ce d'autant plus que ma chérie s'en contrefout.

Je préviens Emma qu'elle ne doit pas m'attendre pour dîner. Je n'aime pas lui faire faux bond à la dernière minute comme ça, surtout depuis ces derniers temps. Elle me paraît si fragile, si vulnérable.

Une fois nos échanges clos, je prends congé de ma propriétaire et me hâte vers la maison. Emma n'a pas répondu à mon message et j'ai un mauvais pressentiment. Ça ne m'arrive pas souvent, je suis plutôt cartésien comme gars. Plus je me rapproche de l'appart, et plus j'ai la sensation d'aller au combat. Je repense aux paroles de Sabrina il y a quelques semaines, et je ne peux m'empêcher de penser que le temps est venu d'affronter ce qu'Emma planque sous ses beaux cheveux blonds depuis le début de notre histoire, depuis peut-être bien plus longtemps que ça, d'ailleurs.

Je marche vite, le cœur serré par l'angoisse. Je ne vois plus rien, je ne sens ni le froid ni les odeurs de châtaigne grillée au coin des rues, je me hâte juste vers chez nous.

Victor m'adresse un petit salut rapide derrière son comptoir, je lui réponds à peine. J'oublie presque de faire entrer Gary derrière moi. Il se fait tout petit depuis que Sabrina est partie. Lui aussi ressent ces choses-là, cet instinct du malheur, et de ces moments où la vie bascule.

— Emma, tu es là ?

— Dans la chambre.

Elle est blottie sous la couette, un pavé sur les genoux.

— Tu lis ?

— Non, je joue au tennis.

Je lui souris tristement. Elle penche la tête sur le côté et tapote le lit de sa main droite.

— Viens.

— …

— Enlève ton manteau. Assieds-toi près de moi.

Elle a compris que le moment était venu. Je le vois au léger mouvement de recul de ses épaules, à l'affaissement imperceptible de son dos qui s'enfonce doucement dans l'oreiller. Elle est déjà prête pour la nuit dans sa nuisette blanche à manches longues en dentelle qui lui donne un air romantique. Je lui en veux d'être aussi belle. Ça rend les choses encore plus difficiles.

J'enlève mes chaussures et me blottis contre elle en frissonnant. L'air glacial du soir est entré avec moi dans la chambre. Elle saisit mes mains et entreprend de les réchauffer en soufflant dessus. Je me détends à peine, juste pour lui laisser l'espace de cette confidence qu'elle a tant tardé à me faire.

— Tu es bien ?
— Oui.
— Tu es prêt ?
— Je crois.

Non, bien sûr que je ne suis pas prêt. On n'est jamais prêt à entendre ça.

DEUXIÈME PARTIE

Emma

1

Février 2002

Ce matin-là, j'étais de très mauvaise humeur, ce qui m'arrive assez rarement. Je n'avais aucune inspiration artistique depuis plusieurs jours, ma meilleure amie et colocataire venait de m'annoncer qu'elle repartait vivre à l'autre bout de la France, il faisait un froid de gueux et, surtout, je ne savais pas comment m'habiller, car mes fringues séchaient mal devant ce petit radiateur électrique qui chauffait comme un vieux grille-pain.

J'ai fini par dégoter une de mes plus anciennes jupes, une de celles que je m'amusais à fabriquer moi-même durant ma période « couture », qui n'a pas duré très longtemps, heureusement. N'empêche, je l'aimais bien, ce jupon, au moins sentimentalement parlant. Aussi, quand ce jeune chien surgi de nulle part s'est mis à tirer sur mes précieux pompons, j'ai réagi au quart de tour. Je l'ai insulté comme une charretière, et j'ai tenté de sauver ce qui pouvait l'être.

Je n'ai pas prêté tout de suite attention à son propriétaire. J'ai juste entendu sa voix. Malgré ma colère, j'ai aimé ses intonations chaudes, les vibrations qui venaient faire écho directement dans mon ventre. Oui je sais, le cliché du coup de foudre c'est nul, mais sincèrement, Alex, je l'ai eu dans la peau au premier regard. Quand il m'a balancé que ma jupe était moche et que ce ne serait pas une grande perte si son chien l'achevait, j'ai été partagée entre un fou rire et une grosse colère d'indignation. Pour ne pas perdre la face, c'est la colère qui l'a emporté, mais quand son chien a tiré à nouveau sur ma jupe et que je me suis retrouvée en petite culotte devant mon bel inconnu, là, j'ai explosé. De rire. J'ai regretté quelques secondes de ne pas avoir mis de collant malgré le froid, mais je me suis félicitée tout de même intérieurement d'avoir choisi une de mes dernières culottes sèches encore présentables. Il m'a alors offert un café si naturellement que j'ai attrapé son bras pour marcher à ses côtés. Je m'y suis tout de suite sentie à ma place.

Et depuis, j'ai pardonné à Gary pour cette humiliation comique qui a changé le cours de nos vies.

Je pense que si Alex et moi nous sommes reconnus aussi vite, c'est parce qu'on avait tous les deux de grosses fêlures. Pas les mêmes, certes. Mais quand même. Des fêlures lointaines, de celles qui abîment les enfants, qui s'incrustent et les font grandir trop vite ou bien de travers. On n'a pas grandi de travers, ni lui ni moi. On a grandi malgré. Malgré les dés de merde du départ, lui dans ses gènes, moi dans ma chair. Peut-être bien qu'il s'agit de la même histoire après tout, sauf que son cancer à lui était à l'extérieur et le mien, à l'intérieur.

Mes parents à moi étaient normaux, si tant est qu'on puisse être normal dans ce monde de fou. Et puis, qu'est-ce que la normalité ? On est toujours le fou d'un autre, mais c'est un autre débat. En tout cas, ils ne m'ont jamais battue, humiliée, délaissée ou autre joyeuseté du genre. Ils n'ont jamais cherché non plus à s'entretuer. Ils m'ont aimée, chacun à leur façon, ont essayé de m'éduquer, de me transmettre les valeurs qui étaient les leurs et celles en lesquelles ils croyaient, ils ont projeté sur moi des rêves, des désirs, des joies et des peines. Ils ont fait leur job de parents en fin de compte, du mieux qu'ils ont pu, enfin, il me semble.

À l'époque où j'ai rencontré Alex, je ne les voyais plus beaucoup. Je n'étais pas fâchée contre eux, bien au contraire, mais j'avais besoin d'air. Leur instinct de surprotection m'étouffait littéralement, aussi quand ma meilleure amie m'a proposé de quitter Valenciennes pour migrer dans le Sud, à mille kilomètres de là, j'ai sauté sur l'occasion. Elle était apprentie photographe, et venait de faire la rencontre d'un grand nom de la photo qui lui proposait monts et merveilles pour la former, à condition de venir habiter dans sa ville, à Arles. En réalité, je ne sais pas trop ce qu'il voulait former chez elle, mais ça se passait surtout à l'horizontale. La déconvenue a été brutale. Après de longs mois passés à déprimer dans notre petit studio, elle a fini par décider de partir retrouver sa famille. C'est ce qu'elle venait de m'annoncer et qui me démoralisait, sans toutefois m'inciter à la suivre. Je m'y sentais bien moi, dans cette Provence d'adoption. J'aimais les gens, les rues, le soleil, l'ambiance festive extraordinaire des férias – hormis les corridas que j'exècre –, et puis, hors de question de me remettre sous la coupe de mes parents, ne fût-ce que géographiquement parlant. Mon indépendance chèrement gagnée me faisait un bien fou, et je m'épanouissais totalement dans mon art, contrairement à mon amie qui s'était retrouvée privée du sien. Je me suis rapidement fait des contacts et j'ai pu exposer mes œuvres régulièrement. En vendre une de temps en temps suffisait à couvrir mes modestes besoins.

Ce matin-là, quand on s'est assis l'un en face de l'autre à la terrasse de ce petit café en bordure du Rhône sur les quais arlésiens, j'ai presque eu envie de passer une main dans les cheveux bruns ébouriffés d'Alex. Pas pour le recoiffer, j'adorais sa tignasse improbable. Non, plutôt pour l'apprivoiser et le faire mien, là, tout de suite. Je l'ai tutoyé et j'ai observé ses mains. Je regarde toujours les mains des gens que je ne connais pas, elles me donnent un indice sur leur personnalité. Ongles rongés, finesse, rugosité, blancheur, taches, cicatrices ? Celles d'Alex étaient larges, les doigts réguliers, les ongles au carré, propres. Je les ai trouvées rassurantes, surtout quand il les a laissées errer affectueusement sur les oreilles de son chien.

Durant tout le temps où on a fait connaissance, en se reniflant par la parole, les attitudes, le rire, il me regardait en continu. Ses grands yeux noirs plantés dans les miens. Franchement, je suis parfois un peu perchée, mais cette flamme, ce truc qui vous tord le ventre, on ne le ressent pas souvent dans une vie. Moi, en tout cas, ça ne m'était encore jamais arrivé. J'ai eu pas mal de petits copains. Je passais pour une allumeuse parce que je m'arrêtais souvent avant de passer aux choses sérieuses, mais il n'y avait aucun jeu de ma part, aucune volonté consciente de séduire et flirter pour la beauté du geste. Je me retrouvais à chaque fois sincèrement désolée de ne pas avoir envie de poursuivre. Passée l'euphorie de la rencontre et du premier baiser, mon désir retombait souvent comme un soufflet. Et plus je sentais l'ardeur de celui de mon partenaire, plus j'avais envie de me sauver en courant. Ce que j'ai fait, la plupart du temps. Les trois fois où je suis restée, c'était plus par curiosité qu'autre chose. Une seule fois, j'ai cru être vraiment amoureuse. J'ai ressenti ces fameux papillons dans le ventre, qui sont censés précéder l'acte, merde, c'est vrai quoi, sans envie, ça rime à quoi de faire l'amour ? Faire plaisir à l'autre ? Quelle vaste blague. Donc, avec celui-là, j'y ai cru et je me suis accrochée quelques mois, juste le temps de m'apercevoir qu'en vrai, je m'ennuyais plus qu'autre chose.

Mon univers artistique me remplit tellement que j'ai du mal à faire de la place aux autres, une vraie place, je veux dire, qui implique le cœur, le corps et l'âme. Alex, lui, a réussi à trouver la clé de tout ça, sans même la chercher, je ne sais pas pourquoi ni comment.

Alors forcément, je l'ai laissé entrer.

2

J'ai très peu de souvenirs de la période d'avant, cette période bienheureuse et naïve où je ne savais pas encore que mon cerveau abritait une bombe, une espèce de boule maléfique qui menaçait d'exploser à tous moments. C'est comme ça que je me la représentais, en tout cas. Les médecins et mes parents me parlaient sans cesse de cette « boule » qui grossissait dans ma tête, et qu'il fallait empêcher de grandir ou retirer, sinon… Sinon, quoi ? En général ils ne finissaient pas leur phrase et leurs yeux s'échappaient dans les coins. Moi, au contraire, je fixais leur visage intensément à ce moment-là, pour tenter de capter leur intention, mais ça les mettait mal à l'aise. Je voulais comprendre, mais je voulais surtout continuer à jouer, rire, dessiner, regarder des dessins animés tranquille, bref, je voulais vivre ma vie d'enfant de cinq ans, ni plus ni moins. Toutes ces entraves à ma liberté et cette pluie d'inquiétude m'irritaient, et je sentais que je devenais capricieuse à force de recevoir tant d'attentions. Les infirmières s'en amusaient. « Emma a du caractère ! »

Alex m'a parlé de miroir un jour, celui derrière lequel il avait l'impression de vivre lorsqu'il était petit, et au travers duquel il enviait ceux qui se trouvaient du bon côté. Je ressens exactement la même chose à propos de mon enfance, la seule différence étant que l'envers de mon miroir n'était pas une famille tarée comme la sienne, mais l'hôpital et la maladie.

J'avais conscience que tout cela n'était pas juste, pas normal, mais je ne savais pas l'exprimer, car je ne le ressentais pas clairement. Je voyais bien que les autres enfants ne vivaient pas comme moi, qu'ils n'étaient pas chauves, maigres et blancs. Lorsque je retournais à l'école entre deux chimios, avec des horaires aménagés, je me sentais comme une bête de foire, la fille au mieux bizarre, au pire inquiétante, voire dangereuse, on ne sait jamais, imaginez que ça s'attrape ce malheur-là.

C'est difficile de se remémorer son tout premier souvenir. Vous l'avez, vous ? Avec l'âge précis, les détails, tout ça ? Moi, oui. J'avais quatre ans. Mon papa m'avait pris sur ses épaules et je me souviens encore de la sensation qui m'a emporté le cœur lorsqu'il m'a soulevée, j'ai eu l'impression de pouvoir toucher le ciel ! J'ai hurlé de frayeur et de plaisir mélangés, je me suis agrippée à ses cheveux blonds et rêches comme de la paille, il a ri et râlé pour le principe, et a maintenu fermement mes petites jambes entre ses grandes mains chaudes. À partir de ce moment-là, je n'ai plus du tout eu peur. J'étais la reine du monde.

Maman était une fée, bien sûr, mais plus lointaine, plus inaccessible. Je me souviens de ses grands yeux bleus toujours remplis de larmes, comme des lacs de montagne en haut des glaciers. Elle était très douce, très câline avec moi, elle me racontait des histoires formidables pour m'endormir, ou bien pour distraire mon attention lors des prises de sang à l'hôpital. Ça marchait bien. Mais le roi des jeux, celui qui me défendait envers et contre tous et qui me comprenait au moindre regard, c'était mon papa.

3

Novembre 1984

Je vais bientôt avoir cinq ans. Je le sais, parce que les grands me demandent tout le temps mon âge, et pour ne pas être embêtés, mes parents m'ont appris à montrer ma main tout entière avec les doigts bien écartés. Cinq doigts, comme cinq ans. Mon prénom, je sais le dire, je sais même le lire et l'écrire, en lettres bâton ou en lettres attachées. Bon, parfois je me trompe, je rajoute un pont, il faut dire qu'avec tous ces « M », je m'y perds. Je sais que mon prénom n'est pas très difficile à écrire, d'ailleurs, je me suis disputée avec Camille à cause de ça. Elle disait que son prénom à elle était beaucoup plus long et compliqué que le mien et que, du coup, c'était elle la plus forte et la préférée de la maîtresse. Je m'en fiche, parce que cette maîtresse, je ne l'aime pas beaucoup. Elle s'appelle Carine, et elle crie tout le temps. Je préférais celle de l'année dernière, qui parlait tout doucement et qui me laissait caresser ses longs cheveux. Elle me faisait un peu penser à ma maman, en moins jolie.

C'est long, une journée d'école. Mon moment préféré, c'est quand on sort les chevalets et la peinture. Je m'en mets partout, même sur la figure et les cheveux, et Angèle est obligée de me cacher pour ne pas que la maîtresse râle. Angèle, c'est la dame qui aide la maîtresse et qui s'occupe de nous quand on a envie d'aller faire pipi ou bien qu'on est triste. Elle a un gros ventre tout mou et moi, j'aime bien appuyer ma tête dessus, c'est comme un oreiller très confortable et qui sent bon. Angèle rigole quand je lui dis ça. C'est vrai, pourtant. Quand on fait de la peinture, elle reste tout le temps avec moi. Elle dit que je suis douée, je ne sais pas ce que ça veut dire, mais elle a les yeux pleins de petites étoiles, et puis, le soir, elle répète à mes parents qu'il faut m'inscrire à des cours de dessin. « Elle est douée, cette petite. » Elle aime bien ce mot, douée. Ensuite elle me caresse la tête avec ses grandes mains sèches qui accrochent mes cheveux au passage, elle sourit, et elle rentre dans la classe.

J'ai deux amies. Camille, avec qui je me dispute souvent, mais que j'aime bien quand même, et puis Mylène. Parfois, elles font semblant de ne plus me parler et ça me fait de la peine, je ne comprends pas. Quand je lui raconte ça le soir dans la voiture, papa dit que ce sont bien des filles, et il lève les yeux au ciel. Moi aussi, je suis une fille pourtant, maintenant j'en suis sûre. Avant, je ne savais pas trop si un jour j'allais avoir un zizi ou pas, comme les garçons, et puis j'ai compris que non. Quand je lui ai demandé quand est-ce que mon zizi pousserait, maman a beaucoup ri et ses yeux sont devenus si joyeux que j'ai ressenti une grande vague dans ma poitrine, et je me suis jetée dans ses bras. Elle ne rit pas souvent, maman, alors quand ça arrive, j'en profite. Elle a arrêté de rigoler et m'a expliqué que je n'aurai jamais de zizi parce que j'étais une fille et que mon zizi à moi, il était à l'intérieur. Au début, ça m'a inquiétée cette histoire de zizi caché. J'ai essayé de regarder, mais je n'ai rien vu du tout, et puis maman m'a dit un jour que les filles pouvaient faire pousser un bébé dans leur ventre et pas les garçons, alors j'ai arrêté de chercher mon zizi caché et je me suis dit que c'était drôlement chouette d'être une fille. J'aime bien les bébés.

Aujourd'hui, il fait très froid. La maîtresse et Angèle n'arrêtent pas de râler et de nous courir après pour qu'on mette nos écharpes et nos bonnets, et ceux qui n'ont pas de bonnet sont privés de récré. Heureusement que maman a pensé à mettre le mien sur ma tête avant de partir ce matin. Il est blanc avec un gros pompon et il me gratte le front, mais je l'aime bien quand même. Quand on sort dans la cour, on se met à courir et c'est trop bien parce qu'on arrive à faire de la fumée avec nos bouches. On souffle exprès pour faire semblant d'être des trains ou des voitures, ou, encore mieux, on fait comme si on fumait des cigarettes. Camille a trouvé un petit bout de bois qui ressemble à une pipe et elle nous nargue en disant qu'elle fait des ronds de fumée avec sa pipe. Elle n'en fait pas pour de vrai, mais avec Mylène, on est un peu jalouses quand même, alors on part au fond de la cour sans elle, derrière le toboggan. Elle se retrouve toute seule avec sa pipe en bois et ses faux ronds de fumée, et elle finit par nous rejoindre en nous disant qu'elle a jeté sa pipe, et qu'elle préférerait jouer avec nous. Mylène est d'accord. C'est toujours elle qui décide, parce qu'elle a une grosse voix et qu'elle est plus grande que nous. Maman dit que c'est parce qu'elle est du début d'année et moi de la fin, je ne sais pas trop ce que ça veut dire.

On est là, accroupies sous le toboggan en train de chercher des diamants – enfin, pas des vrais, mais les petits graviers transparents, c'est presque pareil –, quand d'un coup je sens le sol qui bouge et j'ai mal au cœur comme dans la voiture quand on va voir papi et mamie. Camille râle parce que je l'ai bousculée, et qu'elle a fait tomber tous ses petits diamants par terre, mais Mylène appelle tout de suite la maîtresse. Je l'entends crier et ça me fait mal comme si quelqu'un tapait sur ma tête avec un marteau. Angèle arrive et me prend dans ses bras. Elle me porte jusque dans la classe. La maîtresse se penche sur moi avec des sourcils froncés et elle dit que je suis toute blanche. Et puis, quand Angèle me repose par terre, je vomis sur les chaussures de la maîtresse, qui n'est pas contente du tout.

C'est maman qui vient me chercher, et la maîtresse lui dit : « Quand même, madame, vous auriez pu la garder ce matin, vous vous rendez compte à quel point c'est contagieux, la gastro ? Qu'est-ce qu'on va devenir, nous, avec vingt-cinq gamins qui vomissent ? » Maman a dit qu'elle était désolée, que j'avais mangé mon petit déjeuner comme d'habitude et qu'avant de partir, j'avais pourtant l'air en forme. La maîtresse est restée énervée et j'ai bien vu que ça rendait maman triste, alors dans la voiture, je lui ai dit de ne pas s'inquiéter, que la maîtresse se mettait souvent en colère, et puis que je n'avais pas fait exprès de vomir sur ses chaussures. Et là, maman a rigolé en me disant qu'elle comprenait mieux pourquoi la maîtresse portait des sandales en plastique en plein hiver, et que ce n'était pas de ma faute tout ça, non mais sans blague, comme si un enfant faisait exprès d'être malade.

Je n'écoute plus trop maman parce que j'ai de nouveau mal au cœur et je suis très fatiguée. Alors je pose ma tête contre le carreau froid de la voiture et je crois bien que je m'endors. J'entends la voix douce de maman qui vient de très loin, comme si j'étais dans un nuage de coton, j'aime bien. Et puis, d'un coup, ses mains m'attrapent et me sortent de la voiture, j'ai froid, j'ai mal à la tête, je pleure. « Ma pauvre chérie », me dit maman, « *tu vas rester à la maison, je vais bien m'occuper de toi* ».

Quand je me retrouve au fond de mon lit bien chaud, avec maman qui me lit mon histoire préférée, « *Les fées des Fleurs* », et que je ne sens presque plus le marteau qui tapait sur mon front, je repense à mon prénom écrit en attaché sur une petite pancarte au-dessus de mon manteau dans le couloir, à la maîtresse fâchée, à la cantine qui ne sent pas toujours très bon, et je suis bien contente d'être malade. Après, je repense aussi aux ronds de fumée et aux petits diamants et ça me fait un petit pincement au cœur parce que j'en avais trouvé plein, bien plus que Mylène et Camille. Maman dit que je suis une petite chercheuse d'or, je trouve toujours plein de choses, et puis, cette fois-ci, ils étaient gros, je suis sûre que Camille va tous les récupérer.

Je m'endors en rêvant à la mine de diamants des sept nains de Blanche-Neige et à leur chanson, « *yo-ho, on ren-tre du bou-lot !* » Ça me fait sourire, je voudrais demander à maman si j'ai le droit de regarder la télé aujourd'hui, mais le mal au cœur revient et je n'ai plus envie de rien. Maman fait un bisou léger sur mon front et me dit de me reposer. Je ferme les yeux, je ne sens plus rien.

Je me réveille en entendant la voix grave de papa. Il fait nuit. Je ne sais pas quel jour on est, si on est le matin ou le soir, je me sens perdue. J'appelle mon papa en pleurant. Il est là tout de suite, il s'assied sur mon lit et me caresse les cheveux. « *Je suis là, ma princesse, tout va bien. Maman m'a dit que tu étais fatiguée. Comment tu te sens ?* » Je n'ai pas envie de parler, juste de me blottir contre lui et de respirer son odeur de papa. Un mélange de parfum et de fumée qui, d'habitude, me rassure.

Cette fois-ci, j'ai un violent haut-le-cœur, mais je n'ai rien à vomir, j'ai le ventre vide depuis ce matin.

Papa n'a pas l'air inquiet, il continue de me caresser les cheveux et me dit qu'il aimerait bien avoir mal à ma place. Il me dit aussi que demain, ça ira mieux.

« Tout ira mieux, ma princesse, ne t'en fais pas. »

4

Je n'arrive pas à dormir. J'ai tout le temps mal au cœur et je dis à papa que ma chambre tourne autour de moi. Cette fois-ci, il a l'air un peu plus embêté que tout à l'heure. Maman lui dit que c'est sûrement à cause de la faim, du manque de sucre et de l'hypo... l'hippopotame ? ou un nom compliqué comme ça, je n'ai pas très bien compris.

Ils essaient de me faire boire de l'eau sucrée, mais je n'ai envie de rien. J'en accepte juste une gorgée pour leur faire plaisir parce que je vois bien qu'ils ne savent pas trop quoi faire de moi. Même les Fées des Fleurs ne m'intéressent plus, je n'écoute pas maman, qui prend pourtant sa plus jolie voix pour imiter le Roi papillon. Je gémis doucement. Il est très tard maintenant, papa et maman sont en pyjama et leurs yeux sont tout gonflés à chaque fois qu'ils viennent me voir. Là, c'est maman qui me tend un verre d'eau en me redressant sur l'oreiller. Je lui dis que je n'en veux pas et, d'un coup, elle appelle papa en criant. Il arrive tout de suite. Cette fois, il a l'air bien réveillé. Je ne comprends pas pourquoi ils s'affolent d'un coup, je n'ai pas pleuré, pourtant. C'est maman qui a des larmes dans ses yeux. Ça me fait peur. Elle s'en rend compte, alors elle me dit de ne pas m'inquiéter, qu'on va appeler le docteur. J'essaie d'attraper mon doudou, mais mon bras ne veut pas. Il est là, à côté de moi, posé bêtement comme si c'était un bras de poupée. Je demande à papa pourquoi mon bras fait dodo alors que moi, je suis réveillée et il me répond que ça va s'arranger, mais je vois bien à sa tête que ce n'est pas vrai. Juste après, je l'entends qui parle au téléphone avec une voix bizarre, il dit que ma bouche est tordue d'un côté et que mon bras ne bouge plus. Ensuite, il raccroche et maman dit « Alors ? ». « Alors, on va t'emmener à l'hôpital, ma chérie. Tu sais, comme dans ton livre, quand Mini-Loup se fait opérer du ventre et après il rentre à sa maison et tout va bien. » Je pleure parce que je ne veux pas aller à l'hôpital comme Mini-Loup, et puis parce qu'il m'embête aussi, ce bras qui ne bouge plus. J'en ai assez de tout ça, je veux dormir et, demain, je veux retourner à l'école avec Mylène et Camille pour chercher des petits diamants sous le toboggan, poser mon front sur le ventre d'Angèle et faire de belles peintures.

Je finis par m'endormir tout de même, j'ai l'impression de faire un rêve bizarre dans lequel on me porte. Il y a beaucoup de bruit, des odeurs étranges, mais maintenant, je suis si fatiguée que je n'ai pas envie de me réveiller. Et puis je sens à nouveau vaguement l'odeur de mon papa, alors je ne suis pas inquiète. Je me laisse aller dans mon sommeil et je me sens enfin à peu près bien.

Ensuite, je fais un cauchemar terrible. C'est comme si j'étais prisonnière sous la terre dans une grosse machine qui me secoue et qui fait tellement de bruit que je n'entends même plus ma voix quand je crie. Quand ça s'arrête, je suis réveillée et je me rends compte que ce n'était pas un rêve. Papa me prend vite dans ses bras et m'explique que je viens de passer un examen pour voir à l'intérieur de ma tête parce que le docteur voudrait comprendre pourquoi mon bras ne marche plus. Il est là, comme *un bout de bois qui ne sert à rien, je ne pense même plus à lui. J'ai un drôle de bandage avec un petit tuyau en plastique sur l'autre main, ça gratte et ça me gêne, alors j'essaie vite de m'enlever tout ça avec les dents, mais au même moment, une dame pousse des grands cris en m'attrapant la main. Je vois qu'elle essaie d'être gentille, mais elle fronce les sourcils comme la maîtresse quand elle n'est pas contente, alors je cache mon visage dans le cou de papa et je pleure un peu. J'en ai marre de tous ces gens qui m'embêtent, à la fin.*

Papa me serre plus fort dans ses bras et me parle tout doucement. « Ne t'inquiète pas, ma princesse, on est à l'hôpital pour te soigner. On attend de voir le docteur, et après on rentre à la maison, d'accord ? » Moi, je suis d'accord bien sûr, j'espère juste que Camille n'a pas volé tous mes diamants, mais, quand je dis ça à papa, il me regarde avec des yeux bizarres et il répète à la dame habillée tout en blanc ce que je viens de dire. Elle lui sourit doucement en secouant la tête et puis elle s'en va.

Je me rends compte que maman est là aussi, assise dans un fauteuil à côté de nous. Elle a l'air très fatiguée et très triste, elle ne sourit pas. Papa essaie de me faire rire, mais cette fois-ci, ça ne marche pas. Je crois bien qu'on se rendort tous parce que d'un coup, il fait jour. Un monsieur avec une barbe qui pique rentre dans la pièce et papa et maman se lèvent d'un coup en disant : « Bonjour docteur, alors ? Qu'est-ce qu'elle a ? »

Le docteur a l'air gentil et aussi fatigué que nous. Il dit qu'il est désolé et qu'il n'a pas de très bonnes nouvelles. Le visage de maman, qui était déjà triste, s'allonge encore plus. Celui de papa ne change pas, mais il me serre très fort contre lui et ça me fait du bien. Lui aussi, il a une barbe qui pique maintenant. Je ne comprends rien à ce que dit le docteur, alors, comme je n'ai plus envie de vomir, je cherche dans la pièce pour voir s'il y a des jouets. Il n'y a rien du tout sauf un vieux dessin sur le mur. Je me demande si c'est une maison ou un bateau, quand tout à coup maman pleure fort. Elle répète que ce n'est pas possible, non pas possible et puis elle me regarde comme si elle ne m'avait jamais vue. Moi, je suis pétrifiée. Je n'ai jamais vu maman comme ça. Je remonte vite dans les bras de papa, qui me serre à nouveau plus fort que d'habitude. Il me parle doucement, mais je ne comprends pas bien, parce que maman sanglote comme moi quand je me fais mal et ça me perturbe.

Papa demande à maman de se calmer, il dit que ça ne sert à rien de se mettre dans cet état et que tout va bien se passer. Je dis que j'ai faim, et ils me regardent comme quand Minouche avait gratté à la porte la veille de Noël alors qu'on croyait qu'elle était morte. Minouche, c'est notre chatte, elle est toute douce, je l'aime de toutes mes forces. Papa m'explique qu'ils sont très contents que j'aie faim, ça veut dire que je vais bien, mais qu'ils n'ont pas le droit de me donner à manger. Je lui réponds que ce n'est pas grave, s'ils n'ont rien à manger ici, on n'a qu'à rentrer à la maison, comme ça, je pourrai grignoter mes céréales avec du lait dans mon bol de Cendrillon. Papa fait à nouveau un petit sourire bizarre, il me caresse la tête et me dit qu'il est vraiment désolé, mais que pour l'instant on ne peut pas non plus rentrer à la maison. Et là, je comprends tout. On est prisonniers des méchants ! Je dis à papa qu'on doit sûrement pouvoir s'échapper en faisant comme les Indiens sur le sentier de la guerre, mais il rigole, alors je boude.

Papa redevient sérieux tout à coup et il me prend sur ses genoux en me disant qu'il doit me parler comme à une grande fille. Il me dit que je suis très courageuse, et que maman et lui *vont tout faire pour m'aider le plus possible. C'est là que j'entends pour la première fois parler de cette fameuse boule dans ma tête. Papa m'explique que l'examen de la nuit a permis au docteur de la voir et qu'il va falloir l'enlever vite, parce que c'est à cause d'elle que je suis malade, et qu'elle risque de grossir encore plus.*

Je réponds à papa que je ne suis plus malade, mais il me dit que si, alors je soupire, et je demande à maman si on peut aller chercher Minouche pour qu'au moins on soit tous ensemble en attendant d'enlever cette vilaine boule. Mais les chats n'ont pas le droit de venir à l'hôpital, je me demande bien pourquoi.

Une nouvelle dame en blanc entre dans la petite pièce. Décidément, il y en a beaucoup ici. Celle-ci a l'air très gentille et plus jeune que maman, elle a aussi des yeux bleus, mais qui sourient, alors que ceux de maman sont toujours tristes depuis ce matin. Elle s'assied près de moi et me demande comment s'appellent mes copines à l'école. Je lui parle de Camille et Mylène, des ronds de fumée avec la pipe et des petits diamants et elle, au moins, elle m'écoute. Elle n'en revient pas qu'on puisse trouver des diamants à l'école, alors je lui explique que ce sont des faux, la pauvre elle a l'air déçue. Elle me demande si je suis d'accord pour qu'elle regarde le petit tuyau en plastique sur ma main et je dis oui parce qu'elle est très douce et très gentille. En plus, dans sa poche, il y a un crayon avec une boule brillante au bout et une tête de Mickey. Elle me fait un clin d'œil en me disant que ce diamant-là est un vrai, mais qu'il ne faut pas le dire, sinon les autres enfants vont le lui voler.

Je promets. Juré craché.

5

Juillet 2002

Voilà. Je vous disais que je n'avais pas beaucoup de souvenirs de ma vie d'avant, avant la boule maléfique, eh bien, ce sont les seuls qui me restent. Hormis cette envolée sur les épaules de mon papa, je ne me souviens que du ventre d'Angèle, des sourcils froncés de la maîtresse Carine, de mes copines Mylène et Camille, de nos jeux dans la cour, du retour à la maison et de la nuit aux urgences. C'est à peu près tout.

Ensuite, j'ai plongé dans un magma que j'ai beaucoup de mal à resituer, essentiellement parce que rêve et réalité s'y confondent. Entre les anesthésies diverses et cette sorte de brèche dans ma réalité d'enfant, je ne sais plus ce qui relève de mon imagination, du cauchemar ou de ma vie réelle. Mes parents m'ont souvent proposé de me raconter ce que fut notre quotidien durant ces quelques années chaotiques, notamment cette matinée terrible où le médecin référent du service leur avait annoncé que ma tumeur récidivait et que je ne m'en sortirais probablement pas. Ils avaient opéré la bête, traité par chimio ensuite, mais il en restait toujours un petit bout qui repartait à l'assaut de mes cellules saines, comme un monstre tapi dans l'ombre qui attendait son heure.

C'est l'une des seules fois où mon père a vraiment perdu son sang-froid. Il a engueulé le médecin en le traitant d'incapable.

« Mais enfin, on ne meurt pas à cet âge-là ! Vous le savez bien, vous, avec tous vos diplômes, non ? »

L'intéressé a soupiré, et passé une main lasse sur son visage en écrasant un peu ses yeux, comme s'il voulait les renfoncer dans ses orbites pour ne plus voir le monde qui l'entourait, ne plus entendre la détresse de mon père au bord de l'agonie.

« Oui… oui, vous avez raison, bien sûr. En théorie, on ne meurt pas à cet âge-là. »

« En théorie ? Vous vous foutez de moi ? Tu entends ce qu'il dit, le docteur, ma chérie ? En Théorie, tu ne peux pas mourir, alors partons y vivre mon bébé, partons tout de suite dans ce pays merveilleux, d'accord ? Papa va le trouver pour toi, où qu'il soit… »

Sur le coup, je l'ai cru. J'ai vraiment pensé qu'il voulait m'emmener dans cet endroit merveilleux où on serait heureux pour toujours, où je n'aurais plus en permanence une aiguille plantée dans la poitrine et des médicaments qui me faisaient vomir et perdre mes cheveux. Mon papa, c'était un magicien.

Mais j'ai compris qu'en réalité, papa ne savait pas vraiment où il était ce pays, même si, dans le monde, des tas de gens espéraient y vivre aussi, pour des raisons toutes meilleures les unes que les autres. « Il faut vivre ici, ma chérie, on n'a pas le choix. Alors, on va se battre. » J'imaginais ma boule comme un méchant dragon dans le cœur duquel on allait planter une épée, et papa me disait que c'était le docteur qui allait faire ça, alors moi, je les aimais bien, les docteurs, même si mon père les engueulait de temps en temps. En même temps, qui peut rester stoïque quand on lui annonce que sa fille de cinq ans risque de mourir ? En Théorie, personne en tout cas.

N'empêche, j'ai beau avoir découvert le pot aux roses, comme avec le père Noël ou la petite souris, ce foutu pays m'est resté dans un coin de la tête comme une possibilité, un endroit où me réfugier quand tout fout le camp. Alex me surnomme sa fée Clochette parce qu'il pense que j'ai une sorte de pouvoir magique avec les gens, mais il a tort. Mon seul pouvoir, c'est de les aimer un tout petit peu plus que ce que je devrais. Mireille et Rosalie, par exemple, qu'Alex m'a présentées comme deux vieilles Arlésiennes un peu râleuses, sont pour moi les grands-mères que je n'ai plus. Et poser sur elles ce regard-là les a complètement dégelées. En réalité, nos perruches sont d'une gentillesse et d'une générosité hors du commun. Mais, à leur âge, tout les effraie, alors elles sont sur la défensive, notamment envers John, qui lui aussi aboie plus qu'il ne mord. Alex se moque un peu de mes théories, mais il est bien content d'y mettre un pied, dans mon pays imaginaire. Victor aussi, d'ailleurs. Depuis qu'il m'a confié son secret, nous sommes encore plus complices.

J'adore Victor. Dès que j'ai fait sa connaissance, j'ai compris à quel point sa vie était une mascarade. Alex n'a pas encore saisi la nuance de ses confidences, mis à part sur ses parents. C'est un sujet sensible pour lui, alors là-dessus, il a des antennes. Pour le reste… heureusement qu'il m'a rencontrée !

En cette fin d'après-midi un peu morose, je n'ai plus d'inspiration et, plutôt que de traîner mon ennui en attendant le retour d'Alex, je file une fois de plus retrouver mon cher boulanger dans sa tanière.

On est en plein mois de juillet, il fait une chaleur écrasante et la boulangerie n'est pas climatisée. Le crâne de Victor luit de transpiration et je me moque de lui.

— Bah alors ? Toujours pas de clim dans ta boutique ? Méfie-toi, tes muscles vont finir par fondre comme neige au soleil !

— Aucun risque, je les entretiens. Mais c'est vrai qu'il fait une chaleur à crever, pourquoi tu ne vas pas à la mer ?

— Tu oublies que je n'ai pas le permis. C'est loin, les Saintes, à vélo !

— Ça te ferait du bien, regarde tes mollets, on dirait une sauterelle. Viens à la salle avec moi, je te ferai faire des exercices adaptés. La muscu pour les nuls, ça te va ?

— Espèce d'enfoiré, ne t'occupe pas de mes mollets, ils vont très bien ! Et je déteste le sport en salle, tu le sais ! M'enfermer avec des gros bras qui puent la transpiration et s'admirent devant des miroirs, non merci.

— Sympas, les clichés !

— Oh ça va, mon Victor, tu sais que toi, c'est pas pareil…

— Ça, oui, je le sais bien.

Je le regarde tendrement. Depuis qu'il m'a confirmé son secret, il me glisse souvent une petite allusion à son statut particulier. Je n'en reviens pas d'être la seule personne de son entourage à être au courant. Sous ses airs de gros dur, Victor est si sensible, si craintif par rapport au regard d'autrui. Il me touche énormément.

Il n'y a personne dans sa boutique. Les Arlésiens font sûrement tous la sieste derrière leurs volets clos. J'aime cette lourdeur, l'ambiance particulière des heures chaudes qui s'accumulent les unes aux autres depuis le matin, et qui donnent une couleur si singulière aux journées d'été. Le ciel est bleu marine, l'air presque solide tant il est sec et chaud. Les odeurs sont décuplées et nos corps fatigués, las de supporter cette chaleur qui irradie du matin jusqu'au soir sans discontinuer. En bonne petite nordiste, je suis accro au soleil. Ma peau claire brunit étrangement bien et je ne me lasse pas de me laisser dorer par ses rayons.

— Dis donc, tu aurais plus de succès avec des glaces en ce moment, pourquoi tu n'investis pas dans un congélateur ?

— Je suis artisan boulanger, pas vendeur de supermarché.

— Tu n'as qu'à faire des glaces artisanales, dans ce cas.

— Oh, ça paraît si simple quand tu le dis !

Il me sourit d'un air narquois. Au même moment, une jeune femme entre dans la boulangerie, un môme de trois ou quatre ans dans les bras.

— Bonjour monsieur, vous vendez des glaces ?

Je me retiens de rire, par respect pour la dame.

— Non, je suis désolé. Mais je peux vous offrir un verre d'eau pour le petit.

— Oh merci ! Il fait tellement chaud. Tiens, mon cœur.

Elle tend le gobelet à son petit garçon qui se jette dessus.

Lorsqu'ils sortent, Victor me lance un regard de défi.

— Tu vois, pas besoin de glaces, et comme j'ai été sympa, elle reviendra.

— Vu son accent, ça m'étonnerait. Elle vient sûrement d'un camping du coin.

— Que tu es mauvaise langue ! Regarde John, avec son accent à couper au couteau, il est bien Arlésien, non ?

— Oui. D'ailleurs, comment va-t-il ? On doit faire attention à nos petits vieux en ce moment, ils se déshydratent vite avec la canicule.

— Ne t'en fais pas pour lui, dès que la nuit tombe, il migre vers le bar. Il vit comme les hiboux, donc là, je pense qu'il cuve encore ses bières d'hier soir.

— Ah, c'est censé me rassurer ?

— Il pète le feu, mère Thérèsa, mais si tu t'inquiètes, tu n'as qu'à aller toquer chez lui, tu vas te faire bien recevoir.

— Non merci. Je ne suis pas d'humeur.

Victor me regarde par en dessous pour voir si je blague ou non, et puis il me tend une petite poire en pâte d'amande. Mon péché mignon, il le sait.

— Qu'est-ce qu'il t'arrive, ma beauté ?

Il a compris que je ne plaisantais pas malgré mon apparente humeur badine. C'est ça, les vrais amis. Me sentant comprise, je me laisse aller à la confidence.

— Je ne suis pas en forme depuis quinze jours. Je suis fatiguée tout le temps, même au réveil. Je me suis même demandé si je ne faisais pas une petite dépression. C'est vrai, Alex est tout le temps au magasin, on ne se croise que le soir, on ne fait pas grand-chose… Je sais qu'il doit bosser dur, c'est sa première année de gérance, et puis il m'a promis qu'au printemps prochain, on se ferait une virée dans un pays lointain, un beau voyage, genre Cuba ou le Brésil, tu vois… Un truc qui fait rêver. Mais c'est loin !

— Et physiquement, ça va mieux ?

— Non, pas vraiment.

— Emma, tu ne me dis pas tout.

— C'est chiant avec toi, tu devines toujours !

— Oh, pas avec tout le monde, tu peux me croire. Allez, crache ta Valda. T'es enceinte ?

Je le regarde avec des yeux ronds et je vois son visage changer. Il bluffait et semble honteux de s'être piégé tout seul. Je prends le parti d'en rire et le chambre à mon tour.

— C'est bien la première fois que je te vois rougir.

— Ça m'apprendra à dire des conneries.

Il me regarde intensément. Je prends une grande inspiration, car parler de tout ça concrétise un vague pressentiment qui n'avait pas encore de réalité pour moi, jusqu'à cette minute précise.

— Je ne sais pas. Mais je me pose vraiment la question.

— Mais qu'est-ce que t'attends pour faire un test ?

Il me regarde comme si j'étais la dernière des abruties.

— Ce n'est pas aussi simple.

— Ah si, en l'occurrence c'est très simple, même moi je connais le principe. Tu achètes un bâtonnet en pharmacie, tu pisses dessus et hop, le résultat s'affiche. Voilà !

— Oui, vu comme ça, c'est sûr.

— Emma…

— Je ne suis pas censée tomber enceinte. Ça ne devait pas m'arriver.

Sur ces dernières paroles, Alex entre dans la boutique et met fin à nos confidences. Je remets mon masque de fée Clochette et je me jette dans ses bras, les yeux brillants de larmes contenues.

Je t'aime tant, mon amour.

6

Cette décision m'appartient. Je n'ai pas le droit de mêler Alex à cette responsabilité-là, ça serait dégueulasse et lâche de ma part, ça ne me ressemble pas. Ce n'est pas non plus ce que m'a transmis mon père, ce roi blond et magnifique de mon enfance.

Comme je l'ai dit à Victor, je n'aurais pas dû tomber enceinte. Pour des tas de raisons.

Je suis encore dans les délais, comme on dit, pour faire passer le bébé. Mais cette vie qui grandit en moi, cette victoire-là ! Après tout ce que j'ai traversé, comment y renoncer ? Au prix de quelles souffrances ? Bien sûr que je le veux, ce bébé, surtout après avoir cru que je n'y aurais jamais droit. Je l'aime déjà de toute mon âme, ce petit bout de toi, Alex.

C'est une folie. Une folie pure.

Je garde soigneusement mon secret au fil des jours et ça me rend folle, ça me ronge petit à petit. Alex pense que je débloque, je le vois dans son regard. Sabrina aussi. Elle est si intuitive, elle a compris qu'un truc clochait dans ma tête et là-dessus, elle ne n'est pas trompée.

Je me retiens de toutes mes forces pour ne pas appeler mes parents, car je connais leur réponse et je n'ai pas envie de l'entendre. Comme dans mon art, comme sur mes toiles, j'ai envie de laisser se créer en moi la plus belle des œuvres.

Je ne pourrai pas renoncer à toi, petite luciole au creux de mes entrailles. C'est trop dur.

Je t'aime déjà beaucoup trop.

7

— Alors, ma petite Emma, on ne te voit plus beaucoup, peuchère ! C'est à cause de la chaleur, tu te caches ? J'espère que tu fermes bien tes volets jusqu'au soir ?

— Elle est toute pâle, cette petite, tu devrais quand même sortir un peu, ma *nine* !

— *Vaï* Rosalie, ne lui donne pas de mauvaises idées, elle va attraper le masque de grossesse et on aura tout gagné ! Surtout pas de soleil, hein, sinon tu seras comme nous, avec des vilaines taches partout !

— Que tu es *bedigasse* ! Nous, c'est des fleurs de cimetières, nos taches, regarde comme elle est belle…

Elles gloussent. Me caressent le visage. Me sourient tendrement. Me nourrissent. Ce sont mes mamies d'adoption, mes perruches chéries.

J'ai bien fait de leur annoncer ma grossesse. Au milieu de mes doutes et comme un phare au sein d'un océan d'angoisses, leur sollicitude me guide vers le rivage de la vie normale, celle que je ne n'aurais jamais voulu quitter. Avec Alex, je lâche prise, parce que j'en ai besoin et que, même si je ne lui dis pas tout, il me connaît par cœur et accepte toutes mes ambiguïtés. Encore une fois, nos fêlures se comprennent.

Mais avec les autres je me tiens, je tais mes peurs profondes et je fais bonne figure, et si je n'y arrive pas, je me terre chez moi. Mireille et Rosalie mettent mes absences sur le compte de la fatigue, de la chaleur, je ne cherche pas à les détromper.

Je colle un gros bisou sur la joue de Mireille qui rosit de plaisir. Quand je me sens bien, je chérirais la terre entière si je le pouvais.

— Arrêtez un peu de vous inquiéter pour moi et concentrez-vous sur ce bébé ! Rosalie, c'est toi qui me fais le pendule ou c'est Mireille ? Il faudrait qu'on sache, pour le prénom.

— Ventre pointu, sexe fendu ! Moi, j'ai pas besoin d'un pendule pour te dire que tu attends une belle petite fille *vaï* !

— En tout cas je peux vous dire qu'il ou elle aime bien ton orangeade Rosalie, je sens des petites bulles qui remontent et je pense que ce sont ses petons qui s'agitent !

— Déjà ? Tu le sens déjà bouger ? Ohh…

Pour un peu, elles en pleureraient. Elles sont trop mignonnes. Je les soupçonne de revivre à travers moi leurs émotions anciennes, tant mieux, qu'elles en profitent. Je n'ai jamais vu les enfants de Mireille en vrai, je les imagine seulement d'après les nombreuses photos encadrées sur tous les murs de son appartement et sur les petits détails qu'elle livre sur eux, l'air de rien, comme un espoir de les faire apparaître au détour d'une phrase, d'un mot désinvolte. Un bout de sourire, un trait de personnalité, une gaffe, un fou rire, des cheveux magnifiques par-ci, une médaille de bronze par-là, un diplôme de maître-nageur, et des regrets aussi, qui affleurent. Beaucoup. Quelques larmes essuyées trop vite, un regard qui s'enfuit, un cœur qui s'affole. Mireille se trahit souvent et je ne l'en aime que plus.

Pour Rosalie, c'est plus compliqué. Elle est moins transparente que sa vieille camarade, plus secrète. Aucune photo, jamais d'allusion à sa famille. Pourtant, je sais qu'elle a été mère, car elle parle de la maternité comme d'une expérience commune à toutes les femmes, une sorte d'évidence. Je ne lui pose pas de questions, mes propres secrets me suffisent.

On est bien, là, toutes les trois, dans la pénombre moite de cette fin d'après-midi languide, derrière les persiennes de Rosalie. Un vieux ventilateur brasse de l'air chaud en nous donnant l'illusion d'une brise. Quelques grosses mouches paresseuses entrent et sortent, attirées par le parfum sucré de l'orangeade qui tiédit dans la carafe transparente posée sur la table ancienne. Mireille a apporté une fougasse sucrée qui m'écœure un peu par cette chaleur. J'accepte plus volontiers le sorbet à la menthe que Rosalie me propose, pleine de sollicitude.

Je me sens bien aujourd'hui, je ne ressens ni nausées ni angoisse, je me laisse porter par cet état bienheureux que doivent sûrement ressentir toutes les femmes enceintes qui n'ont pas de problème particulier. Ceci dit, mis à part les cruches qui prennent la pose dans les magazines féminins avec leur sourire de bécassine, je ne sais pas s'il y en a tant que ça, des femmes sans problème.

Le mois de septembre est particulièrement étouffant cette année, comme si toute la chaleur emmagasinée au mois d'août refoulait des terres pour nous emprisonner entre un ciel bleu lavande et un sol asséché par les longs mois d'été. On a eu quelques orages brefs à la fin du mois d'août, mais à part nous mettre à cran, ça n'a pas suffi à rafraîchir l'atmosphère.

— Je suis bien contente que cette féria soit terminée, soupire Rosalie. On en a eu des *calus* cette année !

Je souris, je ne connais pas encore toutes les expressions du sud qu'ils utilisent par ici. Mireille me répond silencieusement en tapotant son index sur sa tempe. Je comprends, elle voulait dire des fous. En même temps, il faut bien que les gens décompressent, non ?

— Ah, mais ça n'a rien à voir ! Nous aussi, on aimait faire la fête quand on avait ton âge, mais ce n'est pas pour autant qu'on se mettait la tête à l'envers !

— Vous avez vu comme ils ont malmené ce vieux John ? Si Alex et Victor n'étaient pas intervenus, peut-être bien qu'ils l'auraient blessé ou racketté ! Quels bandits !

C'est bien la première fois que je les entends prendre la défense de notre vieil Irlandais, même par personne interposée. Je suppose qu'elles s'identifient à lui par l'âge et qu'une solidarité naturelle des aînés a fini par se mettre en place. Ou alors, c'est le miracle de ma grossesse qui continue d'opérer ? Je souris aux anges.

Si seulement cette béatitude pouvait perdurer, si je pouvais me concentrer uniquement sur les problèmes des autres, de Victor, d'Alex, et oublier un peu les miens…

D'ailleurs, cela faisait un moment que j'attendais le moment propice pour cuisiner mes perruches au sujet des parents d'Alex. Comme une araignée tissant sa toile, je rassemble des miettes de renseignements et d'infos au compte-goutte sur ce père honni afin de me faire ma propre opinion. Après tout, cet homme sera le grand-père de mon enfant, j'ai le droit de mener l'enquête. Et puis, ça me change les idées, ce qui, vu les circonstances est en soi une raison suffisante pour agir en toute bonne conscience.

— Puisque vous en parlez, du bon vieux temps… Racontez-moi un peu qui vous fréquentiez, à l'époque ? Vous vous connaissiez déjà toutes les deux ?

Elles se regardent brièvement et partent dans un grand éclat de rire. Si elles se connaissaient ? Elles ont quasiment été élevées ensemble, leurs mères étaient apprenties couturières dans le même atelier et elles ont vécu en parallèle l'une de l'autre, allant jusqu'à convoler avec deux cousins. « Ce qui fait qu'on est un peu de la même famille », rajoute Mireille en clignant de l'œil.

— On ne s'est jamais trop éloignées l'une de l'autre. On a vécu dans le même quartier, on avait les mêmes amis…

— Et on a eu nos enfants la même année ! Nos filles sont nées à quelques semaines d'écart.

— Oui. C'est bien la seule chose qu'elles ont en commun, d'ailleurs.

Rosalie fait mine de chasser une mouche sur la table et se lève, contrariée. Mireille l'observe avec inquiétude. La chaleur étouffante monte d'un cran et je m'en veux d'avoir plombé l'ambiance en leur demandant de remuer le passé. Foutu pour foutu, je décide de mettre les pieds dans le plat, comme j'en ai l'habitude.

— Et les grands-parents d'Alex ? Ils faisaient partie de vos amis ?

Mireille écarquille les yeux et Rosalie ouvre la bouche comme un poisson hors de l'eau. Elle bégaie.

— On les connaissait, comme tout le monde ici, mais ils ne fréquentaient personne, surtout après… Enfin, tu sais ?

Je soupire. Pourquoi tant de mystère ? C'est de l'histoire ancienne maintenant, et puis elles doivent bien se douter que je suis au courant de tout ça. Elles m'agacent tout d'un coup. Je prends sur moi pour n'en rien laisser paraître. Je lèche mes doigts et repose le bâtonnet collant du sorbet devant moi.

— Rosalie, je m'en fiche des vieilles histoires. Je veux juste savoir si Alex a eu une enfance heureuse malgré tout ce qui lui est arrivé. Pourquoi il ne fréquente que Sabrina ? Après tout, la famille de son père n'y est pour rien, et puis ça fait longtemps qu'il est sorti de prison. Qu'est-ce que je vais raconter à mon enfant sur ses origines, moi ?

— Ma petite fille, tu te poses trop de questions !

— Arrête, Rosalie, elle a raison. Sa fille voudra savoir plus tard.

— Et puis d'abord, qu'est-ce que tu en sais que c'est une fille ? Va me chercher mon pendentif en or, celui qui est caché où tu sais.

Mireille soupire en maugréant, mais elle obtempère. C'est la plus douce des deux, celle qui me touche le plus. Ses genoux craquent lorsqu'elle se lève, et je la suis des yeux à travers la pièce qu'elle traverse en trottinant.

Je fixe intensément Rosalie. Je lui en veux de malmener son acolyte, et puis j'ai l'impression qu'elle me cache des choses. Mais elle me coupe l'herbe sous le pied.

— Ça lui fait plaisir, sourit-elle. Elle adore quand je fais la voyante.

— Tu as des dons ?

— Oh non, peuchère ! Mais on m'a transmis quelques secrets…

Sur ces paroles mystérieuses, Mireille revient et lui tend la petite chaîne dorée au bout de laquelle se balance une médaille.

— C'est la Sainte Vierge ?

— Oui.

Elle porte le médaillon à ses lèvres et esquisse un bref signe de croix. Puis elle se tourne vers moi, grave et concentrée.

— Maintenant, Emma, donne-moi ta main, la paume tournée vers le ciel. Voilà, comme ça. Ne bouge plus.

Elle suspend la chaîne au-dessus de ma main et s'immobilise complètement. Le médaillon vibre quelques secondes avant de se stabiliser. Nous retenons notre souffle. Au bout de quelques secondes, il se remet à bouger imperceptiblement et effectue de petits cercles concentriques au-dessus de ma main. Je perçois une expression triomphale chez Mireille.

— Ah ! J'avais raison !

— Oui. Ça sera une fille.

Une grande émotion m'étreint tout à coup. J'ai beau ne pas accorder trop d'importance à ces croyances de vieille femme, leur aplomb ébranle mes certitudes. Et puis, j'ai rêvé de toi avant même de savoir que j'étais enceinte, ma luciole. Et tu étais effectivement une adorable fillette, si blonde et lumineuse que ma nuit tout entière en a été éblouie.

— Alors, du coup ?

— Quoi donc, Mireille ?

— Eh bien ! Le prénom, pardi, ça sera quoi ?

J'éclate de rire devant sa mine déconfite et ses petits yeux brillants de curiosité.

— Mais je ne sais pas ! Il faut que j'en parle avec Alex, et puis c'est encore trop tôt. Je ne veux pas y penser. Pour l'instant, c'est juste mon bébé, d'accord ?

— Mais je peux quand même tricoter en rose ?

— Non, que du blanc, s'il te plaît. Tu veux bien ?

Je prends ses petites épaules frêles entre mes mains et elle acquiesce, comme à tout ce que je lui demande.

Rosalie nous observe du coin de l'œil. Elle n'a pas oublié mes questions précédentes, je le vois bien, et elle sait aussi que je ne lâcherai pas l'affaire. Moins naïve que Mireille, elle sait qu'une histoire de layette ne va pas suffire à me distraire de mes vraies préoccupations. J'apprécie autant sa franchise que la douceur de Mireille, et je lui adresse un sourire reconnaissant lorsqu'elle reprend la discussion là où nous l'avions laissée avant cette histoire de pendule.

— Bon, puisque tu y tiens, moi, je ne vois pas d'inconvénients à te parler un peu plus de Justin et Fanny.

— Qu'est-ce que tu vas lui dire ? On ne les connaissait pas plus que ça.

— Avec ce qui leur est arrivé, tout le monde les connaissait, Mireille, tu le sais bien. C'étaient de braves gens, qui aimaient plus que tout leur fille unique, même s'ils ne le montraient pas trop. Tu sais, à l'époque, ce n'était pas comme maintenant, on était pudiques, on ne disait pas à nos proches qu'on les aimait…

Je sens un regret dans sa voix. Mireille baisse les yeux et enchaîne à sa place.

— Oui, enfin, ce que veut dire Rosalie, c'est que l'enfance d'Adeline a été heureuse, pour ce qu'on en a vu. Elle était connue dans Arles, la petite, c'était un joli brin de fille, solaire et bien plus extravertie que ses parents, quand on y pense ! Elle a même été dauphine de la reine d'Arles. C'est pour dire !

— Oui, c'est sûrement pour ça qu'elle a tapé dans l'œil de ce gitan, Johnny. Tout le monde ignorait qu'elle le fréquentait, même ses parents. Ils l'ont appris le jour de son accouchement !

— Ils ne savaient pas que leur fille était enceinte ?

— Non, personne ne le savait, même pas la petite, paraît-il. Elle est arrivée à la maternité toute dévariée d'avoir mis au monde un enfant dans l'ambulance et ne comprenait rien à ce qui lui arrivait. Ses parents non plus, d'ailleurs. Alors, quand ils ont su qui était le père, tu penses bien que ça n'a rien arrangé…

— Ils n'aimaient pas les gitans ?

— Disons que ceux-là n'étaient pas très bien vus dans la ville, ils avaient mauvaise réputation. Il y en a qui ont bien tourné après, avec leurs chansons gipsy et tout le tintouin, mais, dans les années soixante-dix, on les voyait encore comme des voleurs de grand chemin !

— Et pourquoi Adeline a décidé de vivre avec eux, alors ?

— Elle s'est fâchée avec ses parents. Je me souviens que Fanny était horriblement gênée quand elle venait faire son marché, tu te souviens, Rosalie ? Elle arrivait à l'aube pour ne voir personne et faisait semblant de ne pas nous reconnaître quand on la saluait. Elle devait être bien malheureuse, tout de même.

— Et ce n'était rien à côté de ce qui l'attendait.

Le ton lugubre de Rosalie en dit long. Je me doute bien que le cauchemar et la culpabilité de ces pauvres parents ont duré toute leur vie. Mais je refuse d'en faire un sujet tabou pour toi, ma luciole, tu as le droit de savoir et, surtout, tu dois grandir sans devoir porter le poids d'un secret qui ne t'appartient pas. Je te dirai toujours la vérité, je te le promets.

Je décide de poursuivre mon interrogatoire, l'air de rien, mais je n'ai pas besoin de poser beaucoup de questions. Le seul fait d'évoquer leur passé ravive les couleurs des joues de mes perruches, qui s'échauffent et se coupent maintenant la parole. Chacune veut être celle qui m'en dira le plus. Une fois le barrage franchi, elles se lâchent.

— Adeline s'est brûlée les ailes, pauvre ange. Elle croyait au grand amour, au prince charmant… Avec sa guitare et ses beaux yeux, il l'a ensorcelée, le Johnny.

— Tu parles, ce vaurien… Avec ses frères et toute la clique, ils en ont fait à l'époque.

— Comment il s'appelait déjà, le caïd ? Diego ? Manolo ?

— En tout cas, le nom de leur bande, c'était Les Caïmans, ça, je m'en souviens. Et c'était le frère aîné de Johnny qui menait la danse.

— Je suis sûre que ce sont eux qui avaient mis le feu chez la vieille Germaine, tu te souviens ?

— Pour se venger de son mari, oui, c'est sûr. Il y avait de drôles de conflits en ville. Mieux valait ne pas trop se frotter aux gitans si tu ne voulais pas avoir d'ennuis…

— Et Adeline n'a rien trouvé de mieux que de se fourrer directement dans le guêpier. On voit comment ça a fini.

— Oui. Il l'a tabassée à mort, la pauvre chérie. Heureusement qu'Alex était trop petit pour comprendre tout ça. Il avait quoi, un an ?

— Hmm… Tu te souviens des drôles de rumeurs qui avaient couru après l'arrestation de Johnny ?

— Oh ça suffit, Mireille, ne va pas remuer la boue, je pense que la petite en a assez entendu comme ça.

J'allais protester vigoureusement quand un ouragan couleur caramel a envahi la pièce. Gary, trop content de me retrouver et de pénétrer dans un lieu habituellement interdit pour lui, me saute littéralement dessus et promène sur mon visage et mon cou sa grosse langue douce.

Mireille et Rosalie poussent les hauts cris tandis qu'Alex, hilare, contemple la scène depuis la porte d'entrée. Je le rejoins vite en me promettant d'éclaircir toutes ces vieilles histoires. Pour toi, ma luciole, et pour ton formidable papa.

8

Le froid se fait de plus en plus vif, et les rafales de Mistral qui s'engouffrent dans les ruelles tortueuses du centre-ville me glacent jusqu'à l'os. J'ai beau être une fille du nord, je n'arrive pas à me faire à ces transitions brutales de température, comme si nous passions directement d'un été étouffant à un hiver impitoyable. Alex me dit que c'est à cause du vent. Peu m'importe, depuis que j'ai vu mon bébé et entendu son petit cœur battre la chamade chez le gynécologue, mes perspectives s'envolent. Qu'il pleuve ou qu'il vente, une joie pure étreint ma poitrine, enfin. Ce sentiment que je guettais depuis la découverte de ma grossesse, ce bonheur que je jalousais sur les mannequins des magazines, que j'effleurais sans parvenir à me l'approprier tout à fait, enfin je le vis, dans ma chair et mon âme, dans toutes les cellules de mon corps. Te voir m'a convaincue de ta réalité, ma luciole, malgré tous les obstacles et ce que l'on m'avait prédit.

Je ne voulais pas vraiment y croire jusque-là, c'était trop irréel, trop fantastique et effrayant. Je crois même avoir dit à Alex dans la salle d'attente que je ne voulais plus de toi. Maintenant, je sais que c'était pour conjurer le mauvais sort, parce que la peur ne me quitte jamais, tu sais, mais désormais j'ai acquis la certitude que toute mon énergie doit servir à ton développement, ma plus belle création. Je te promets de tout faire pour nous mener à bon port tous les deux, mon bébé, mais si l'une de nous devait y rester, tu te doutes bien que je n'hésiterais pas une seconde. Il ne faudrait pas m'en vouloir, hein, parce que si ça devait arriver, je te laisserais malgré tout avec le plus cool de tous les papas du monde.

En te parlant à mi-voix, je caresse délicatement la peau fine de mon ventre à peine bombé et je sens la petite masse de ton corps venir se lover contre ma main. Tu ne bouges plus, tu guettes la suite. Je t'aime de tout mon cœur. Tu le sais, dis ?

Je m'étire comme un chat sur le vieux canapé d'Alex et je me surprends à rêvasser autour de prénoms féminins. La prédiction de Mireille et Rosalie m'envahit, que vais-je faire si, en définitive tu es un petit garçon ? De toute manière, garçon ou fille, ça ne change pas grand-chose. Alex s'en fout aussi, même si je sens qu'il serait plus simple pour lui d'inventer une relation avec une fille, ça l'éloignerait du schéma honni qui le hante, un père et son fils, un fils sans père, un père indigne, un criminel... Je mentirais en disant que tout ça ne me perturbe pas aussi. Pour le coup, on se passerait bien tous de tes gènes, Johnny. Mais on ne va pas refaire l'histoire, alors autant l'accepter. Je m'en veux de continuer à embêter Alex avec ça, mais je veux surtout éviter le moindre tabou entre nous, qui pèserait inévitablement sur notre descendance. J'ai du mal à me mettre à sa place, alors je reste à la mienne et je l'aide du mieux que je peux.

Tout en réfléchissant, je me lève à nouveau et entreprends de poursuivre mon activité du jour. Je gratte finement une grosse couche sèche de peinture bleue pour lui donner un aspect vieilli, un peu passé. Le résultat est magnifique. Je décide d'aérer la pièce pour ne pas respirer les particules de poussière indigo qui volettent tout autour de moi, et je laisse le grand vent entrer dans l'appartement. Malicieux, un courant froid se glisse sous ma jupe qu'il soulève sans vergogne avant d'éparpiller comme un malotru tous les papiers qu'Alex et moi avons en horreur, factures et rappels divers, mais, quand une porte claque, je décide de refermer la fenêtre. J'ai juste le temps d'apercevoir en me penchant vers la rue la silhouette voûtée de John se faufiler dans l'immeuble. Voilà un moment que je ne les ai pas taquinés, lui et son pompon. J'évalue brièvement le temps qu'il mettra à monter les deux étages et je tends l'oreille derrière la porte. Lorsque je perçois son souffle un peu court et le toc-toc de sa canne marteler les marches, je fais comme si le hasard nous mettait l'un en face de l'autre sur le petit palier.

Son vieux visage s'éclaire d'un coup.

— Ma petite Emma ! Alors, ce *baby bump* ? Il faut manger un peu *my dear*, tu es toute… comment dit-on ? *skinny*…

— Ma parole, tu me traites de maigrichonne, moi qui voulais t'inviter à prendre le café !

John sourit largement et ses petits yeux bleus pétillent. Un dérivatif à son ennui ne pouvait visiblement pas mieux tomber.

— Ah, c'est pas de refus, mais avec ce froid, tu pourrais me proposer un Irish coffee, *no* ?

— On ne perd pas le nord, hein ! Allez, va pour l'Irish coffee, mais je te préviens, je ne sais plus comment on le prépare.

— Boh, il suffit de *mix* du café et du whisky, *you know* ?

— OK, John, *come on*.

Je ris toute seule, j'adore ce papi indigne qui ne perd pas une occasion de s'en jeter un petit derrière le gosier. Son caractère en irrite plus d'un ici, mais ses sautes d'humeur et son accent décalé me mettent en joie, je n'arrive jamais à me fâcher réellement contre lui.

John se cale sur une chaise, le menton appuyé sur sa canne. Il retire son béret et, comme à chaque fois, j'admire sa chevelure d'un blanc immaculé. Gary se précipite vers le vieil homme et pose sa tête sur ses genoux en soupirant. John sourit et lui gratte les oreilles en murmurant qu'il ressemble à son vieux Rusty. Ça fonctionne drôlement bien entre ces deux-là.

— Tu devrais reprendre un chien John, un petit pour ne pas te donner trop de travail. Gary t'adore, tu sais y faire avec les bêtes.

— Oh *no, no…* je n'ai plus envie. Trop de peine. Trop triste quand il meurt, *you know* ?

— Je sais bien, mais il faut bien prendre le risque de souffrir un peu pour vivre, non ?

En moi-même, je souris jaune. Ça me va bien de dire ça, tiens. John soupire sans relever ma dernière phrase. Je me tourne vers le plan de travail de notre minuscule cuisine et commence à chercher dans les placards de quoi préparer des crêpes. Avant de m'y coller, je verse une larme de whisky dans le café fumant de John dont les yeux se rallument. Il le hume en fermant les yeux.

C'est amusant comme le silence peut être doux en compagnie de certaines personnes. La présence de John m'apaise. Ses épaules affaissées, ses yeux vifs, son langage aléatoire et son addiction pour l'alcool me touchent plus que je ne le voudrais. Quelle vie as-tu donc eue, Monsieur l'Irlandais faussement irascible ?

Comme s'il lisait dans mes pensées, John s'éclaircit la gorge et je dois tendre l'oreille pour décrypter son murmure. Sa voix chuinte comme une voiture sur l'asphalte mouillé. Il parle en regardant Gary, c'est plus facile de confier sa peine à un chien. Mû par une intuition que j'admire, Gary reste pour une fois totalement immobile. Il plisse les yeux comme pour inciter John à poursuivre à la fois ses caresses et ses confidences.

Durant un long moment, John cherche ses mots, bafouille un coup en anglais un coup en français, puis en mixage des deux, il hésite, recommence, se gratte la tête, ne me regarde toujours pas. Gary soupire. De mon côté, j'ai laissé la farine et les œufs en suspens, je reste debout, les mains agrippées sur le dos d'une chaise, et j'écoute.

Les mots sont rares et précieux, le grain de voix se fracture de temps à autre, mais pas de larmes, non, ce n'est pas l'objet. Qu'a donc perçu John de mes fêlures pour m'offrir ainsi les siennes ?

Il me parle d'un amour perdu il y a bien longtemps, si longtemps que même mes parents ne devaient pas être nés, plaisante-t-il. Un amour né pendant la guerre, un amour comme dans les romans, me semble-t-il, un de ceux qui marquent une vie et vous façonnent un être.

John était déjà fiancé lorsqu'il a rencontré Martha. Son mariage avec une jeune Irlandaise de son entourage était imminent et urgent, la demoiselle ayant eu la malchance de tomber enceinte, alors qu'il s'agissait pour l'un comme pour l'autre d'un amusement passager au sortir d'un pub le soir de la Saint-Patrick. Ni lui ni elle n'étaient épris l'un de l'autre, mais à cette époque-là, aucune famille respectable n'aurait toléré qu'un homme n'assume pas sa paternité en refusant d'épouser celle avec qui il avait fauté…

Coincé dans cet engagement bancal à vingt-quatre ans à peine, le jeune John s'était résigné. Après tout, elle ou une autre, qu'est-ce que ça changeait ? Il n'était jamais vraiment tombé amoureux, tout au plus avait-il ressenti quelques émois puissants au sortir de l'adolescence, mais, une fois l'acte physique découvert et maîtrisé, les sentiments dont parlaient certains de ses amis lui restaient étrangers.

Aussi, la première fois qu'il a croisé Martha, cette jeune Allemande blonde comme les blés que tout le monde regardait de travers malgré la neutralité proclamée de l'Irlande face à l'engagement des nations dans la Seconde Guerre mondiale, il n'a pas tout de suite compris qu'il tombait profondément amoureux. La vibration ressentie, les battements de cœur qui ont enflé brusquement, il ne savait pas trop sur quel compte les mettre. Un puissant désir ? Une attirance passagère ? Cela aurait pu être le cas, s'il n'avait pas aussitôt perçu le même trouble chez la jeune femme. Certaines rencontres sont écrites, dit-on. Celle de John et Martha devait sûrement avoir lieu. Elle était assistante dans la bibliothèque de Cookstown, cette petite ville d'Irlande du nord où John avait grandi. Lui était charpentier et a croisé pour la première fois son regard bleu en venant évaluer le risque d'effondrement du toit de la vieille bibliothèque, qui menaçait de s'écrouler après avoir subi les assauts d'une tempête mémorable.

« À quoi ça tient... », murmure le John fatigué d'aujourd'hui. Il humecte ses lèvres et lorgne vers la bouteille de whisky, comme s'il en avait besoin pour poursuivre son récit. Je ne me fais pas prier et lui verse une rasade supplémentaire d'alcool dans son café qui fume encore, impatiente de connaître la suite. Le bas de mon ventre tire un peu, alors je m'assieds en face de lui, le menton calé sur mes mains, comme une gamine qui attend la fin de son histoire. Les mains parcheminées de John parcourent distraitement les oreilles de Gary, qui ne moufte pas plus que moi, puis, après avoir siroté de longues gorgées de son Irish coffee revigorant, il se perd à nouveau dans son passé.

J'apprends alors que, dans ce corps de vieil homme vibre encore un cœur passionné, que l'amour fou et interdit qu'il a vécu avec Martha ne s'est jamais éteint. Je perçois l'intensité de leurs retrouvailles secrètes au pied des murs de pierres sèches qui jouxtaient les prairies où paissaient les bêtes, aux abords de la ville. Parfois, lorsque le temps devenait trop mauvais et que leurs emplois du temps s'accordaient, ils parvenaient à louer une petite chambre à Stewartstown ou Coalisland, les villes voisines. C'était la fête alors, et je comprends à demi-mot que les heures passées en compagnie de Martha furent fondatrices dans la vie de John. Il ne s'en est jamais remis.

Après son mariage et la naissance de son enfant, la légèreté virevoltante des débuts s'est ternie, John n'était plus aussi présent et Martha a commencé à s'éloigner, profondément blessée par cette double vie à laquelle ils semblaient condamnés. Idéaliste et passionnée, la jeune femme n'imaginait pas sa vie ainsi, dans l'ombre d'un homme pour lequel officiellement elle n'existait pour ainsi dire pas. Et puis la pression sociale devenait trop forte. Aux yeux de tous, elle était devenue l'ennemie, celle qui représentait bien malgré elle ce petit homme haineux et moustachu dont la dangerosité n'était plus à démontrer depuis qu'il avait envahi la Pologne quelques mois auparavant. L'Angleterre était alors entrée en guerre aux côtés des Français, et le climat devenait de plus en plus étouffant et hostile à l'encontre de tous ceux qui, de près ou de loin, rappelaient l'existence des nazis, dans un amalgame désolant, mais bien réel.

Et un beau jour, la belle Martha est partie, emportant avec elle tous les espoirs de John. C'est à ce moment-là qu'il a commencé à boire un peu plus que de raison.

Les années passant, d'autres enfants sont arrivés, dont l'un mort-né, ce qui a plongé son épouse dans un grand désarroi durant plusieurs années, les éloignant définitivement l'un de l'autre malgré une forme d'affection sincère qui avait fini par poindre avec les années. John s'est alors investi à fond dans son travail en créant sa propre entreprise, ce qui lui permettait de passer la plupart de son temps hors du foyer et du spectacle affligeant de ce naufrage que son propre mariage était devenu. Il s'est peu occupé de ses enfants, et semble le regretter amèrement aujourd'hui. Avec l'aide de quelques pintes quotidiennes, John s'était résigné à cette vie monotone et sans surprises.

Il avait renoncé à Martha depuis bien longtemps, se contentant de caresser son souvenir lors de dimanches trop mornes, lorsqu'elle réapparut dans sa vie de manière fracassante.

« Vous connaissez une Martha Hoffman ? » lui avait demandé son ouvrier principal, un beau matin.

Son cœur s'est arrêté. Comment ce petit imbécile aurait-il eu vent de son histoire passée ? De quoi se mêlait-il ? Se contentant de marmonner une réponse pour la forme, il n'a pas vu tout de suite l'enveloppe que son employé lui tendait, l'air bougon face à la mauvaise humeur subite de son patron.

« Elle est passée au bureau hier soir et m'a demandé de vous remettre ça. »

Tremblant, John l'a alors congédié sans ménagement. Personne ne devait se douter du tremblement de terre intérieur qui lui labourait les côtes à la seule vue de l'écriture penchée, si élégante, qui avait tracé son prénom à l'encre noire sur cette petite enveloppe blanche. Martha ici, en ville ? Plus de vingt ans après ? Improbable, surréaliste. Après son brusque départ, elle n'avait plus jamais donné signe de vie, il ne savait même pas dans quel pays elle se trouvait. À la fin de la guerre, il avait un instant espéré qu'elle se manifesterait, mais les mois s'écoulant, son espoir s'est éteint. Il ne l'a plus attendue, se contentant de remuer les braises d'un passé révolu et de noyer sa peine dans quelques verres d'alcool quand le manque devenait trop douloureux. Il avait accepté, bon sang, pourquoi revenait-elle maintenant, alors que ses cheveux commençaient à blanchir, que son teint naguère si frais se marquait de couperose et que des poches se formaient sous ses yeux ? Il était beau à vingt ans, mais ce n'était plus le cas désormais. La flamme s'était éteinte en lui, et son éclat perdu à jamais. Il avait peur de la revoir, peur de constater chez elle aussi les marques d'un vieillissement qu'il ne voulait pas affronter, car il signerait concrètement tout ce qu'ils n'avaient pas pu vivre et la fin de leurs espoirs. Il voyait ces retrouvailles comme une condamnation, un constat d'échec définitif.

John fait une pause, je sens que les mots s'emmêlent, la suite est compliquée pour lui à raconter. J'en profite pour lui proposer à nouveau des crêpes et me lève gaiement, comme si je n'étais pas bouleversée par ces confidences aussi inattendues que magnifiques.

9

Je lorgne nerveusement vers la pendule, j'ai peur que l'arrivée d'Alex n'interrompe le lent monologue de John. Notre pause gourmande s'est éternisée, et je me suis amusée à le voir engloutir de bon cœur trois crêpes au sucre et à la confiture d'abricot, sa préférée. Il s'essuie consciencieusement la bouche avec un morceau d'essuie-tout que je lui ai glissé et lorgne à nouveau vers la bouteille de whisky. J'acquiesce avec un demi-sourire, prête à tout pour entendre la suite. Il comprend très bien mon petit manège et prend son temps, satisfait de constater son succès auprès du public. Gary et moi sommes suspendus à ses lèvres. Il s'éclaircit la gorge, finit de frotter ses mains sur son pantalon de velours et tapote le dessus de la tête de Gary, qui est revenu s'incruster entre ses jambes. Le vent souffle fort, mais le petit appartement est bien chaud, lumineux malgré la lumière naturelle qui décline rapidement à cette époque-ci de l'année.

Je déteste les jours qui raccourcissent, l'entrée dans l'hiver, le froid qui s'insinue sous les portes, aussi dès le mois d'octobre, j'abuse des lumières artificielles et des petites bougies que je dissémine partout. Alex se moque de moi, me dit qu'on se croirait dans une église, ce qui est un comble pour nous deux qui ne sommes ni croyants ni pratiquants. Tout en laissant à John le temps de réfléchir à la manière dont il souhaite me parler de ses retrouvailles avec Martha, je trottine de bougie en bougie en les allumant les unes après les autres avec la même allumette. La dernière manque de me brûler, je souffle dessus en poussant un cri de souris. John n'y prête pas attention, il est reparti dans le passé, je le vois à son regard flottant. Il ne me parle qu'en anglais, ce qui ne me gêne pas, j'ai passé presque un an à Londres après mon bac et je suis quasiment bilingue.

L'enveloppe blanche ne contenait pas grand-chose, juste un papier à en-tête d'un hôtel du quartier, une adresse et une petite phrase : « *Rendez-vous demain à 18 h* », ce qui signifiait le soir même pour John. L'adresse était celle de l'ancienne bibliothèque où Martha travaillait, désormais remplacée par un salon de thé. Cette rue n'avait plus rien à voir avec celle que John arpentait en 1940, le cœur brûlant de désir, lorsqu'il venait y retrouver sa belle. Pourtant, il n'avait jamais eu la force d'y revenir depuis son départ. Trop de souvenirs heureux s'y trouvaient emprisonnés et la comparaison avec sa vie actuelle était trop triste pour avoir envie de s'y confronter.

Son tempérament colérique ajouté au stress de la rencontre à venir a fait passer une fort mauvaise journée à ses employés. De la sténo dactylo au plus chevronné de ses ouvriers, tous en ont pris pour leur grade. Vu le caractère bouillonnant de John encore aujourd'hui, je n'ai aucun mal à imaginer l'étendue des dégâts. Plus l'heure avançait, plus il avait envie d'ignorer ce rendez-vous, priant même pour qu'une quelconque avanie sur un chantier l'empêche de s'y rendre. Mais non, rien. La journée s'est écoulée fluidement, chacun faisant du zèle pour éviter les foudres du patron, qui décidément était de bien mauvaise humeur.

Néanmoins, John n'étant pas du genre à fuir ses responsabilités, peu avant dix-huit heures, il se dirigea d'un pas ferme vers ce quartier chéri d'antan qui lui provoquait ce soir-là de vilaines crampes d'estomac. Lorsqu'il aperçut l'enseigne du salon de thé, il marqua un temps d'arrêt sur le trottoir, passant machinalement une main dans sa chevelure en désordre. Au moins n'avait-il pas perdu ses cheveux. Même grisonnants, ils continuaient d'auréoler son visage. Martha adorait masser son crâne après l'amour, elle lui susurrait qu'il avait la plus belle chevelure de toute l'Irlande. Il sourit à ce souvenir et se redressa en croisant son reflet dans une vitrine. Après tout, il n'avait pas à rougir de l'homme mûr qu'il était devenu. Elle devait bien se douter qu'elle n'allait pas retrouver le fringant jeune homme d'alors, et puis il avait encore fière allure. Son métier physique avait développé sa carrure, son regard bleu avait pris en assurance, et, même si quelques rides marquaient son front et le coin de ses yeux, sa maturité compensait le manque de fraîcheur de son visage.

Et elle ? À quoi pouvait-elle bien ressembler, maintenant ? Il n'allait pas tarder à recevoir sa réponse. Avant de pousser la porte de ce café, John ignorait totalement ce qu'il allait ressentir en la retrouvant. Depuis ce matin, il vivait sa journée comme anesthésié de toute sensation, se contentant de grogner à l'intention de ceux qui l'approchaient d'un peu trop près.

Il sut immédiatement qu'elle n'était pas encore arrivée. Quelques silhouettes çà et là sirotaient une boisson chaude en grignotant un *shortbread*. Une serveuse allait et venait entre les tables, mais aucune présence ne lui rappelait celle de Martha.

Il s'installa maladroitement à une petite table au fond de la salle, les yeux rivés sur la porte d'entrée. Il n'osa pas demander à la serveuse s'ils servaient de l'alcool et se contenta de commander un thé bien noir. Il n'y avait pas encore touché lorsque la porte s'ouvrit sur une femme blonde et élancée. Il la reconnut instantanément.

Elle n'avait pas changé tant que ça, se dit-il. Sa coiffure était différente, elle portait désormais les cheveux assez courts et le blond paille de sa jeunesse paraissait plus clair encore que dans son souvenir. Son visage était toujours aussi beau et son regard, même fatigué par des paupières un peu alourdies, l'émut bien plus qu'il ne l'aurait voulu. Martha se trouva bientôt face à lui. Elle lui sourit gravement, les yeux plongés dans les siens. John se leva doucement, murmura son prénom comme s'il se trouvait face à un fantôme, puis sembla se rendre compte qu'elle était bien réelle, et ses joues retrouvèrent un peu de couleur. Il sourit enfin à son tour et lui saisit les mains en l'invitant à s'asseoir en face de lui.

— Ça alors… Martha… Depuis tout ce temps, toutes ces années où je ne savais pas ce que tu étais devenue, te voilà de retour.

— De retour, c'est vite dit John.

— Tu m'as tellement manqué, j'ai cru devenir fou quand tu es partie. Toutes ces années loin de toi, sans savoir même où tu étais. Pourquoi tu ne m'as jamais donné de nouvelles ?

— À quoi bon ? Tu avais ta vie, ta femme, ton bébé… Qu'est-ce que j'aurais pu t'apporter de plus, à part un immense gâchis ?

— Comment peux-tu dire ça ? Je t'ai tellement aimée, Martha…

— Je sais. Moi aussi.

De longues secondes s'écoulèrent en silence, chacun se repaissant du visage de l'autre, de sa présence, jouant au jeu des sept erreurs entre l'avant et l'après. John serra furtivement les doigts de Martha entre les siens, troublé par le contact de sa peau.

— Pourquoi es-tu revenue ?

Elle baissa la tête en se mordillant la lèvre inférieure, et tritura nerveusement le sucrier en porcelaine posé devant elle.

— Je dois te dire quelque chose et je ne me voyais pas te l'écrire. Et puis je ne sais pas qui ouvre ton courrier, c'était trop compromettant.

— Oh, Martha, depuis toutes ces années ? Tu penses vraiment que notre relation ancienne pourrait intéresser qui que ce soit ?

— J'ai quitté précipitamment Cookstown parce que je me sentais mal vis-à-vis de toi, de ta famille… et parce que, si j'étais restée, tu aurais été encore plus gravement compromis.

— Mais pourquoi ?

— Parce que j'étais enceinte, John, j'attendais un enfant de toi.

— Mon Dieu… Et tu as eu ce bébé ?

John a murmuré, abasourdi par cette nouvelle. Martha acquiesça gravement.

— Oui, bien sûr que j'ai eu ce bébé. Je suis retournée dans ma famille, je leur ai menti en leur disant que mon fiancé était mort à la guerre, je ne sais pas s'ils m'ont crue. Peu importe, ils m'ont soutenue, c'est tout ce que je leur demandais à l'époque. J'étais dévastée de t'avoir perdu, mais retrouver tes yeux dans ceux de mon petit garçon, tu n'imagines pas comme ça m'a fait du bien…

— Un garçon… Sais-tu que je n'ai eu que des filles ? Trois, dont une qui n'a pas survécu.

— Je suis désolée.

— Ne le sois pas, parle-moi plutôt de lui. Comment s'appelle-t-il ?

— Arthur.

— Mon deuxième prénom. Ce n'est pas un hasard, si ?

— Bien sûr que non. C'était ma façon de vous relier malgré tout. C'est un beau jeune homme, aujourd'hui.

Martha tendit une photo par-dessus la table à John, qui s'en saisit avec avidité.

— Il est si grand, si beau. Je ne peux pas réaliser. Que fait-il dans la vie ?

— Il se lance dans des études d'architecture. Mon père le soutient beaucoup dans cette décision. Je dois avouer que je suis très fière de lui.

— Et… il sait que je suis son père ?

— Pas encore. J'attendais sa majorité, et puis je voulais d'abord te le dire. Pour lui, son père est mort en héros sur le champ de bataille. J'appréhende beaucoup de lui avouer que je lui ai menti durant toutes ces années. S'il devait me rejeter, je n'y survivrais pas.

— Je comprends. Quelle histoire, seigneur, si je m'attendais…

John regretta cruellement l'absence d'un verre de whisky devant lui, il en aurait eu bien besoin pour encaisser la situation. Et puis la présence de Martha le troublait profondément. C'était bien elle et pourtant, il ne la reconnaissait pas tout à fait. Toutes ces années à vivre loin de lui, toutes ces épreuves qui avaient façonné petit à petit la femme avenante et sûre d'elle qui se trouvait assise à cette table. Il la fixa à nouveau.

— Es-tu mariée ?

— Oui.

La réponse lui fit mal. Quel idiot, que s'était-il donc imaginé ? Qu'elle lui retomberait dans les bras ? Elle ne lui appartenait d'aucune manière. Il se sentit blessé comme un animal qui aurait reçu une balle perdue et qui chercherait un terrier pour s'y réfugier, sachant très bien que la seule consolation possible pour lui se trouvait au fond d'un pub.

— Es-tu heureuse, Martha ?

— John, on n'est pas obligés d'avoir cette conversation. Je suis venue uniquement pour Arthur, je ne pensais pas qu'après tant d'années, il resterait encore quelque chose entre nous, vois-tu...

— Penses-tu que c'est le cas ?

— Et toi ?

Ils tournèrent un moment autour du pot avant de reconnaître qu'ils se sentaient tous deux profondément troublés par ces retrouvailles. John en profita pour avouer à Martha que son mariage à lui n'était plus que ruines depuis bien longtemps, mais avec des fondations pareilles, il fallait s'y attendre. Ce qui ne l'a pas empêché d'avoir d'autres enfants, lui fit-elle remarquer doucement. De son côté, elle ne fit aucune allusion à son propre mariage. Elle énonça simplement qu'elle n'avait pas eu d'autre enfant, sans que le ton de sa voix laisse deviner s'il s'agissait d'un choix ou d'une situation subie ni si cela la rendait malheureuse.

Le salon de thé fermant ses portes, ils se retrouvèrent tous deux sur le trottoir, ne sachant comment se comporter l'un envers l'autre. John indiqua la direction de l'hôtel de Martha en lui disant qu'il allait la raccompagner. Elle protesta pour la forme, mais finit par accepter. Une fine bruine leur caressait le visage et les lueurs de la ville éclairaient sporadiquement leurs pas. Ils marchaient le plus doucement possible, conscients de la préciosité de l'instant, remettant leurs pas dans ceux d'antan. John prit le bras de Martha, et celle-ci frissonna en se rapprochant du corps massif de son ancien amant. Sentir la chaleur du corps de l'autre si proche, si réelle après l'avoir rêvée tant de fois les rendait muets, sidérés comme s'ils avaient franchi une faille spatio-temporelle.

Ils arrivèrent néanmoins devant la porte à tambour du petit hôtel, il fallait se quitter. John ne pouvait s'y résoudre. Il demanda à Martha combien de temps elle restait en ville et sa réponse le foudroya sur place.

— Je repars demain matin. Maintenant que je t'ai vu, je dois rentrer. Mon mari et mon fils m'attendent.

Elle lui tendit une carte contenant ses coordonnées. Son faible sourire ne suffit pas à le consoler.

— Laisse-moi te refaire signe lorsqu'Arthur sera prêt. C'est nous qui te contacterons. D'accord ?

John acquiesça, la mort dans l'âme. Que pouvait-il faire d'autre ? Il saisit le visage de Martha entre ses mains, comme avant, et lui posa délicatement un baiser furtif sur les lèvres. Elle ferma les yeux et John perçut un relâchement de ses épaules, un bref effondrement qu'elle rattrapa aussitôt en relevant bravement la tête.

Ils se dirent au revoir et John alla noyer son chagrin au fond du premier pub qu'il trouva sur sa route.

10

— Quoi, c'est tout ?

— *What do you expect, miss?*

— Mais John ! Tu l'as laissée repartir comme ça ? L'amour de ta vie ?

Il baisse la tête et laisse échapper un petit rire éraillé. Je sais, je suis trop sensible, mais ses aveux si sobres me bouleversent, je ressens si fort tout ce que cela a chamboulé en lui. Il me répond que c'est par amour pour Martha, justement, qu'il n'a pas cherché à la retenir. Malgré son émotion, elle semblait avoir trouvé un bel équilibre dans sa vie. Au nom de quoi lui aurait-il volé à nouveau le droit d'être heureuse ? Il devait s'effacer, voilà tout.

Il m'avoue avoir sombré dans un alcoolisme sévère après son départ, au point de ne plus être capable de diriger correctement son entreprise. Il guettait tous les jours une lettre de Martha ou un signe d'Arthur, ce fils inespéré qui lui tombait du ciel, mais chaque jour lui apportant une déception supplémentaire, il a fini par ne plus rien attendre. Son épouse est décédée quelques années plus tard, terrassée par une méningite foudroyante. Ses filles ayant quitté la maison depuis longtemps, il s'est retrouvé seul, ruiné après la faillite de son entreprise, avec pour unique compagnon le fameux Rusty.

Je n'ose lui demander s'il a un jour pu enfin rencontrer son fils. Il semblerait que John n'ait pas très envie d'aborder le sujet. Perturbé par cette longue plongée dans ses souvenirs, il laisse errer son regard sur la pièce et cligne des yeux comme s'il allait s'endormir. Je culpabilise, ne l'ai-je pas laissé boire trop de whisky, juste pour avoir le fin mot de l'histoire ?

Il se ressaisit brusquement et me demande s'il pourrait avoir encore une petite crêpe. Rassurée, je le sers de bon cœur en me promettant de ne plus rien lui demander.

John dévore sa crêpe en silence. Je l'ai tartinée si généreusement que la confiture d'abricot lui coule sur les doigts. Lorsqu'il repose ses mains à la hauteur de Gary, celui-ci se fait un plaisir de lécher la confiture en remuant la queue. John rit, il a l'air enfin détendu et se lève difficilement pour aller se laver les mains. Il vacille sur sa canne et je reste à ses côtés tant j'ai peur qu'il glisse malencontreusement sur le sol. Son grand âge m'interpelle. Avec tout ce qu'il a vécu, il reste bien vaillant, tout de même.

On se rassied tous les deux et il soupire en lorgnant à nouveau vers la bouteille de whisky, dont le niveau dangereusement bas me signale qu'il a largement assez bu. Je m'agite sur ma chaise, ne sachant trop comment le réfréner sans le vexer, quand Alex surgit, provoquant sans le vouloir une parfaite diversion. Il salue John et je tente de lui faire comprendre la situation en faisant les gros yeux vers la bouteille d'alcool. Son demi-sourire m'indique qu'il a compris le message. Il propose à notre Irlandais d'aller fumer une petite cigarette avec lui sur le balcon, et les voilà tous deux accoudés comme deux vieux compères, luttant contre le vent pour allumer leur briquet.

L'odeur des crêpes a imprégné tout l'appartement. J'en profite pour aérer et faire un brin de vaisselle, encore remuée par les confidences de John. J'espère qu'il me reparlera un jour d'Arthur et de Martha, et surtout qu'il a pu rencontrer son fils. Ses épaules voûtées semblaient me dire le contraire tout à l'heure, mais je ne suis sûre de rien.

Lorsqu'ils rentrent, Alex prend John par le coude et le raccompagne jusqu'à son appartement. Il a l'air soucieux en redescendant.

— Il avait l'air d'avoir beaucoup bu quand même, Emma, ça fait longtemps qu'il était là ?

— Une bonne partie de l'après-midi. Je l'ai vu entrer tout à l'heure, il avait l'air seul et triste, alors je l'ai invité à prendre le café et…

— Et ça s'est terminé en Irish coffee et crêpe party avec une belle petite blonde ! Il est malin, le vieux John, je vais l'avoir à l'œil !

Je ris à sa plaisanterie, mais au fond, je suis vraiment heureuse d'avoir partagé ces moments privilégiés avec lui. Lorsqu'il me racontait son passé, John n'avait plus rien du vieil homme acariâtre que nous connaissons tous. C'est l'effet Emma, me dit Alex… Je vais finir par le croire !

— Tu sais s'il est encore en contact avec ses enfants ?

— Aucune idée, me répond Alex. Depuis son arrivée ici, je l'ai toujours vu se débrouiller seul, il n'a jamais parlé de qui que ce soit.

— Ce qui voudrait dire que ses deux filles l'ont laissé tomber, et que son fils…

— Son fils ?

— Il m'a raconté qu'il avait eu un enfant hors mariage, et que la mère, dont il était très amoureux, le lui a annoncé vingt ans après. Cet Arthur doit donc avoir pas loin de la cinquantaine aujourd'hui… Il ne m'a pas dit s'il avait fini par faire sa connaissance ou non. Ça a l'air douloureux pour lui.

— Hm… Je comprends.

Comme à chaque fois que nous évoquons des relations entre un père et ses enfants, Alex prend un air lointain, faussement détaché. Je sais qu'il pense toujours au sien. Je n'arrive pas à me défaire de l'idée qu'il devrait m'en parler, je lui en veux de son silence tout en le plaignant sincèrement. Lorsqu'une discussion à ce sujet survient et qu'on ne la désamorce pas assez rapidement, l'engueulade n'est jamais très loin. J'ai beau me sermonner, je n'ai aucune patience, et plus le temps passe, plus ma grossesse avance, plus je lui mets de pression. Je le sais, j'ai beau contourner l'obstacle en me renseignant derrière son dos, c'est d'Alex qu'il s'agit, c'est lui qui devrait me parler de tout ça directement, sans intermédiaire.

Soudain, une idée me traverse l'esprit. Et si j'allais voir Sabrina ? Elle ne se mettra pas en colère, j'en suis sûre. Je sais qu'elle m'aime bien, c'est une mère dans les tripes, elle comprendra ma démarche.

— Tu veux que je prépare le dîner ?

Alex ouvre un placard en soupirant. Manière subtile de me faire remarquer que je n'ai rien fait… En temps normal, j'aurais répondu par une boutade, mais j'ai épuisé toutes mes réserves de bonne humeur et de calme avec notre vieux voisin. Je suis à cran, je le sais, mais l'impulsivité qui me caractérise à ce moment-là est immaîtrisable. Je commence par me renfrogner et je bougonne.

— J'ai fait de la pâte à crêpes, tu n'as qu'à t'en faire une.

— J'ai envie de salé.

— Eh bien, mets une tranche de jambon dessus et elle sera salée, voilà !

— Super.

— Quoi ? Je suis nulle, c'est ça ? Incapable de préparer un repas ? Tu penses que je serai une mauvaise mère ?

Voilà, c'est reparti. Je m'enflamme aussi vite qu'une torche et je m'entends crier comme une harpie sans parvenir à m'arrêter. Alex se ferme aussi, je sens qu'il se contient pour ne pas exploser.

J'aimerais tant pouvoir lui expliquer les raisons de mes sautes d'humeur incontrôlables et de mes accès de désespoir. Mais tout comme la pensée magique des enfants, j'ai l'impression que, tant que je n'en parle pas, le problème n'existe pas. Il reste dans ma tête, enfoui profondément, telle une grenade que je me garde bien de dégoupiller.

La nuit est noire maintenant, et, depuis deux jours, le réverbère devant notre immeuble est en panne. Cette obscurité m'angoisse. Je rallume nerveusement quelques bougies. Alex me prend la boîte d'allumettes des mains et me dit qu'il y en a suffisamment, que je vais mettre le feu à l'appartement. Et là, je vrille vraiment. Je sanglote, je crie, je l'accuse de ne pas me soutenir, de me voir comme une folle dangereuse… Je crois que cette colère injustifiée me soulage, en fait. Plus la mauvaise foi imprègne les reproches que j'adresse à Alex, mieux je me sens. Exactement comme si je réparais une injustice par une autre.

Nous finissons par nous allonger sur le lit dos à dos, malheureux et tristes, chacun pour des raisons différentes.

Je m'en veux d'imposer tout ça à Alex, de ne pas lui offrir la sérénité dont il aurait besoin pour construire son début de paternité, mais tout est trop chaotique en moi pour le moment.

J'observe les ombres danser au plafond. Avec le vent, les fils électriques de la rue se balancent à la lueur de la lune et projettent un mouvement lent qui me berce enfin. Je ferme les yeux. La respiration d'Alex ralentit, je sens qu'il s'est endormi. Je me retiens de ne pas me pelotonner contre son grand corps chaud si rassurant, si aimant. Je lui demande pardon en silence, et un sillon frais de larmes discrètes vient courir le long de mes tempes.

Pourquoi tout ça nous arrive ? Pourquoi ne peut-on pas être comme tous ces futurs parents, pour qui tout a l'air si simple, si évident ? Je pose la main sur mon ventre et, comme pour répondre à ma question, tu viens te blottir sous la surface, petite promesse en devenir. Tu es là. C'est tout ce qui compte.

11

Décembre. Noël approche, et je n'ai toujours pas dit à mes parents que j'étais enceinte. Ils veulent profiter de l'occasion pour rencontrer Alex, qu'ils ne connaissent pas encore. Nous monterions passer quelques jours chez eux, à Valenciennes. Cette perspective fait monter en moi une telle angoisse que, chaque matin, je cherche quel prétexte je pourrais inventer pour y échapper. J'ai vaguement mis au courant Alex du projet et de mes réticences. Je lui ai dit qu'avec ma grossesse et les nausées, je n'avais pas envie de faire autant de kilomètres, même en train. Mensonges, évidemment. Lui s'en fout, niveau famille, ça se résume à Sabrina, et puis j'ai cru comprendre que les Noëls de son enfance ne le faisaient pas vibrer. Il est content parce que son chiffre d'affaires va grimper et, à ce titre, ne veut pas partir trop longtemps, quitte à me laisser là-bas. J'en frémis.

J'aime mes parents, je n'ai rien à leur reprocher. Mais depuis que j'ai quitté cette maison qui a abrité mes pires souffrances, je n'ai aucune envie d'y remettre les pieds. Ma nouvelle vie me suffit. Quand ma meilleure amie a quitté Arles, pas un seul instant je n'ai songé à la suivre. Et maintenant que je vis avec Alex, au sein de cette mini-communauté que l'on se construit jour après jour, rien ne me ferait revenir en arrière. Je travaille peu depuis quelques mois, c'est vrai. Mais la directrice de la galerie marseillaise qui m'a prise sous son aile est emballée par mes dernières créations, elle trouve que j'ai mûri, que l'ensemble est encore plus abouti. Elle a vendu deux de mes toiles lors de sa dernière expo et, grâce à ce petit pécule, je peux voir venir l'hiver sans souci. Je vis au jour le jour, je ne m'angoisse pas avec ma situation financière. Insouciante ou inconsciente, selon certains, peu m'importe. Je connais le prix de la vie en tout cas, c'est l'essentiel.

Depuis quelque temps, je m'apaise enfin. Je pense avoir suffisamment réfléchi à ma décision, et tout me semble clair. Je vais bientôt parler à Alex. Il doit savoir.

En attendant, je poursuis mes investigations concernant son histoire, ça me distrait merveilleusement bien de mes soucis. Mireille et Rosalie m'ont invitée en début d'après-midi à venir prendre le thé, j'en profiterai pour remettre le sujet sur le tapis.

Il est encore tôt, et je n'ai pas envie de rester seule. J'effleure du doigt ma dernière toile, je rêvasse en imaginant quelles améliorations je pourrais lui apporter, mais je n'ai pas l'énergie de m'y mettre.

Je n'ai plus de nausées ! Du coup, mon appétit est décuplé et, le matin, je prends plaisir à ingurgiter de copieux petits déjeuners. Tout en réfléchissant au sujet qui me préoccupe en ce moment, à savoir comment vais-je bien pouvoir cacher ma grossesse à mes parents tout en étant enceinte de cinq mois, je sors deux œufs du frigo et commence à faire frire du beurre dans la poêle. L'odeur me fait déjà saliver. Mes toasts sautent tout seuls du grille-pain, ce qui fait sursauter Gary, qui passait devant au même moment. Il me fait rire. Je m'installe à notre petite table avec un magazine, et laisse tiédir mon thé en dévorant mes œufs brouillés. Je pense à toi, ma luciole, j'espère que tu sens à quel point je me régale, et j'espère aussi que tu en profites. Il paraît que lorsqu'on allaite, le lait de la maman s'imprègne du goût des aliments qu'elle mange. Ainsi, les bébés indiens sont-ils friands du curry… Est-ce que je pourrai t'allaiter et te faire goûter de douces saveurs en te nourrissant ? Est-ce que j'aurai ce privilège ? Je chasse les idées noires qui recommencent à tournoyer dans mon cerveau. Stop. Mange, respire, ferme les yeux, calme-toi. Pense à lui. Ou à elle.

La crise de panique s'éloigne. Je me lève doucement pour ranger le beurre et les œufs, je passe un coup d'éponge sur la table et fais la vaisselle. Avant, j'aurais tout laissé tel quel sans même m'en rendre compte. Je me suis drôlement bien améliorée depuis que je vis avec Alex, surtout depuis que je suis enceinte. Pourtant, il se fiche totalement du ménage ou d'un désordre quelconque, mais je me sens responsable d'une autre vie, alors je dois au moins pouvoir prendre soin de la mienne, même en apparence. Ça pourrait suffire, qui sait.

Je file sous la douche, et l'eau chaude ruisselant sur mon corps finit de me remettre les idées en place. Il a l'air de faire très froid, je m'emmitoufle dans un gros pull et un jean dont je ne ferme pas les derniers boutons, et j'enfile mon manteau doudoune rouge bien large. Gary sautille partout, surexcité. En me voyant caler mon béret sur ma tête et attraper mon sac, il a compris qu'on sortait. J'éprouve une envie furieuse de voir Alex, que je ne peux pas différer au repas de midi. Je me dis qu'au pire, je pourrai l'aider à confectionner des coffrets cadeaux pour les fêtes, je suis bien plus douée que lui pour les emballages, et puis ça me changera les idées.

Nous marchons d'un bon pas avec Gary, il tire fort sur sa laisse et je dois le gronder à plusieurs reprises, car il manque de me faire entrer en collision avec les passants. J'avais raison, le froid est vif et l'air très sec. Grâce au vent, le ciel est d'une pureté à couper le souffle. Lorsque j'arrive au niveau des arènes, je lève le nez vers les majestueuses arcades de pierre construites sur deux étages, dont le profil se découpe nettement sur l'horizon azur. Je me suis habituée à la présence identitaire de cet amphithéâtre romain au cœur de la ville. Sans être native du coin, tout me plaît ici. Je me sens chez moi.

Lorsque j'arrive devant sa boutique, Alex m'aperçoit à travers la vitrine, et la lueur joyeuse qui s'allume dans son regard me réchauffe le cœur. Je voudrais me faire pardonner mon comportement de ces derniers temps, même si je n'en prends réellement conscience que maintenant.

J'ouvre la porte, et Gary s'élance vers son maître dans un tourbillon d'amour qui manque de nous renverser tous les deux. Alex essaie de l'engueuler, mais ses yeux pétillent et notre finaud de chien ne s'y trompe pas. Il monte sur ses deux pattes arrière pour tenter vainement de lécher le visage d'Alex, qui reste trop grand pour lui.

— Ça suffit ! Couché ! Là, allez, calme-toi, mon vieux, tu vas tout casser ici. La dernière fois qu'il est venu, il a balayé ma collection de santons avec sa queue, je n'ai pu sauver que le petit Jésus !

— Oh, quel drame familial ! Tu t'en es remis, au moins ?

Je le taquine, il enroule ma taille de son bras et me traite de peste.

— Et sinon, que me vaut ce plaisir inattendu, beauté fatale ? Tu ne m'as rien dit, ce matin.

— Ce matin, je dormais à poings fermés quand tu es parti…

— Ah oui, c'est vrai. Veinarde.

— Je me suis préparé un bon petit-déj, et puis j'ai eu une envie incontrôlable de te voir.

Alex me lance un coup d'œil lubrique et j'éclate de rire.

— Non, pas pour ce que tu imagines. Tu me manques, c'est tout.

— Oh ma puce…

Il est réellement attendri, et je m'émerveille de sa capacité à me comprendre si bien. Il m'apaise à un point qu'il n'imagine pas.

— Bon, c'est pas tout ça, mais je suppose que tu as du boulot. Je serai ton lutin de Noël ce matin, tu peux profiter de moi et m'envoyer au fin fond de l'atelier pour effectuer les tâches les plus ingrates.

— Tu entends ça, Gary ?

Ce dernier aboie aussitôt avec enthousiasme, la queue frétillante.

— Alors, comme je suis un patron sympa et que ton petit ventre risque d'attendrir les clients, je te garde en vitrine. Fais-toi plaisir pour la déco, tu as carte blanche, ma chérie !

Sur ce, il me tourne le dos et part chercher dans l'arrière-boutique la fausse neige et les guirlandes que je suis donc chargée d'agencer pour attirer le chaland. Je réprime un petit pincement au cœur en observant mon ventre. Il a raison. Je suis si menue que mon statut de femme enceinte ne fait aucun doute. La jolie bosse que tu formes sous mon pull est impossible à camoufler ma luciole, à moins de porter une robe de chambre toute la journée, et encore. Tant pis. Je mentirai à mes parents, je leur dirai au dernier moment que je suis malade, en croisant les doigts pour qu'ils n'aient pas envie de me rejoindre. Je sais bien que je ne fais que retarder l'échéance, leur patience a des limites. Un beau jour, je risque de les voir débarquer sans préavis parce qu'ils auront envie de voir réellement comment va leur fille. Mon père prend sa retraite au printemps, et je les soupçonne d'avoir le projet de se rapprocher de moi après cette échéance. Après tout, combien de retraités font le choix de venir passer leurs vieux jours au soleil, sans même avoir l'excuse des enfants et petits-enfants sur place ? Au moins, tu seras là, ma luciole. Moi, je ne sais pas, mais toi… toi c'est sûr, je le sens au fond de mes tripes.

— Ça va ?

Alex me fixe d'un air inquiet. Je dois avoir une tête de déterrée. J'inspire à fond et me recompose un visage clair et avenant, celui qu'il aime par-dessus tout. Je me jette dans ses bras en riant.

— Mais oui, ça va, arrête de t'inquiéter pour moi à chaque fois que je fais une poussée d'hormones, qu'est-ce que ça va être le jour de l'accouchement ?

À son tour d'écarquiller les yeux. On n'a pas encore évoqué cet événement, qui, d'une manière ou d'une autre, va bien finir par arriver.

— Oh eh, doucement, hein… On verra bien le jour J…

— Oui, tu as raison. On a encore le temps. Bon, alors, ces guirlandes, elles arrivent, oui ou non ?

La matinée s'écoule comme dans un rêve. Je bénis chaque instant avec toi, avec vous deux, je me sens si bien. Alex a mis des chants de Noël en fond sonore et nous vaquons tous deux à nos occupations sans avoir besoin de nous parler, juste imprégnés de la douce et chaude présence de l'autre à nos côtés. C'est si bon que j'en ai les larmes aux yeux à plusieurs reprises. Je n'ai aucune envie de briser cette harmonie paisible qu'il y a entre nous, ce bonheur simple et tendre qui consiste à partager la vie d'un être auprès de qui on se sent en parfaite sécurité.

L'entrée de nombreux clients ne parvient pas à rompre le charme de cette paix intérieure que nous éprouvons. Au contraire même, notre complicité s'en trouve renforcée. Nous attendrissons les vieux, surtout ceux qui connaissent Alex depuis longtemps. Ils s'extasient sur cet enfant à venir, et nous souhaitent tout le bonheur possible.

Tout cela est si réel que je parviens à m'en persuader aussi, l'espace de ces quelques heures bénies. Nous jouons même à te chercher des prénoms, ma luciole, ce que je n'avais pas encore fait jusqu'ici. Pas de consensus autour d'un prénom masculin, mais Agathe pour une fille semble acquis. C'est une grande étape, celle de te nommer, mon petit ange. Ça te donne une réalité que tu n'avais pas encore. On avance vite, ces derniers temps. Beaucoup trop vite à mon goût. Je veux profiter encore de cette belle insouciance, je veux croire que nous allons former une jolie famille, et pourquoi pas un jour, te donner un petit frère ou une petite sœur ? Après tout, s'il y a eu un miracle, il pourrait y en avoir deux, non ?

12

J'arrive en avance chez Mireille. La matinée passée au magasin avec Alex m'a tout de même fatiguée, et j'aspire maintenant à une bonne sieste. Mais j'ai promis à mes perruches que je passerai les voir, et puis je suis sûre qu'elles m'ont déjà préparé une tonne de biscuits et autres gourmandises.

Elles sont là toutes les deux lorsque j'arrive, on dirait deux gamines qui ne tiennent pas en place.

— Qu'est-ce que c'est que ces mines de conspiratrices ?

— Oh, ma jolie, viens t'asseoir. Avec Rosalie, on a beaucoup réfléchi ces derniers temps, beaucoup parlé aussi.

— Oh, bah, ça ne change pas tellement !

Mireille me fait les gros yeux.

— Veux-tu me laisser finir ! En fait, avec les fêtes de Noël qui approchent et mes petits-enfants qui vont sûrement me rendre visite…

Rosalie lève les yeux au ciel et grommelle dans sa barbe. Je ne relève pas. Mireille poursuit, imperturbable.

— J'ai fait du tri dans mes affaires, et je suis tombée sur des choses qui pourraient t'intéresser. Ça reste entre nous, ma caille, hein ? Alex ne serait peut-être pas content…

Mon intérêt jusque-là flottant se réveille aussitôt. Moi qui imaginais qu'elle allait me sortir de vieux canevas à broder pour me distraire en attendant la naissance, cette mention au sujet d'Alex me tend.

— Je serai aussi discrète que possible, ne t'inquiète pas.

— Très bien. Alors, voilà ce que j'ai trouvé…

Tandis que Rosalie s'applique à nous servir le thé comme si tout cela ne la concernait pas, je grignote nerveusement une navette à la fleur d'oranger. En temps normal, les émotions ont tendance à me couper l'appétit, mais pas cette fois-ci. Encore une histoire d'hormones, probablement.

Mireille tend vers moi de vieilles coupures de journaux.

— Je ne sais même pas pourquoi j'ai gardé ça à l'époque, peut-être parce qu'on connaissait les personnes concernées, et puis ça nous avait drôlement secoué cette histoire, peuchère… Cette petite Adeline qu'on avait vu grandir… Ça aurait pu être notre fille, voilà ce qu'on se disait tous, je crois.

Je m'empare des articles concernés et les parcours avec avidité. Mes deux amies me laissent lire quelques minutes, puis Rosalie prend la parole à son tour.

— Tu n'y apprendras probablement pas grand-chose de plus que ce que tu savais déjà, mais nous qui avons vécu tout cela, un détail nous a mis la puce à l'oreille.

Je compulse rapidement ce qui est relaté comme un épouvantable fait divers, à une époque où les féminicides n'étaient pas aussi médiatisés qu'aujourd'hui. Effectivement, je n'ai pas l'impression d'apprendre grand-chose. La photo qui accompagne l'article retient en revanche toute mon attention : une jolie jeune fille brune et souriante, dont les yeux noirs pétillants mangent la page. La mère d'Alex. Ta grand-mère, ma luciole. Elle est si jolie…

— Tu te souviens de la première fois où tu nous as demandé des précisions sur toute cette histoire, et qu'on n'arrivait pas à retrouver le nom du frère de Johnny ?

— Oui. Le chef de la bande des Caïmans ?

— Exactement. Son prénom est cité dans un des articles, il s'appelait bien Manolo.

— Bon. Et alors ?

Elles commencent à m'agacer toutes les deux, je crois qu'elles n'ont pas compris que j'aimerais simplement trouver un moyen de mieux comprendre Alex, je ne veux pas refaire l'histoire.

— Alors, le journaliste qui le cite a l'air de sous-entendre qu'il aurait pu être inquiété pour complicité dans ce meurtre. Et comme par hasard, après l'arrestation de Johnny, Manolo a quitté la ville en douce. Je le sais parce qu'il devait être entendu comme témoin direct et que les policiers l'ont cherché jusque dans la cour de notre immeuble. Pour un peu, ils seraient descendus dans la cave de mes parents, *vaï* je crois qu'ils ne s'en seraient pas remis, les pauvres.

— Ce qui signifie qu'il était présent quand Johnny a tué sa femme ?

— *Té*, sûrement ! Il aurait dû être poursuivi aussi si ça se trouve, au moins pour non-assistance à personne en danger !

— Est-ce qu'il est revenu en ville depuis ?

— On n'en a plus jamais entendu parler, pas plus que de la fameuse bande des Caïmans. Il y a bien eu encore quelques règlements de compte dans le quartier, mais plus rien à voir avec cette espèce de mafia qui était en train de se mettre en place…

Je réfléchis quelques instants, ne sachant trop quoi faire de ces informations vieilles d'une trentaine d'années.

— Et puis, cette interdiction du juge, tout le monde a trouvé ça bizarre aussi…

— Celle qui s'étendait aux membres de la communauté gitane, qui n'avaient plus le droit d'approcher Alex ?

— Eh oui. Quand ce genre de drame arrive, les oncles et tantes sont plutôt appelés à la rescousse pour s'occuper des enfants, on ne les assimile pas au meurtrier.

— C'est vrai. Alex m'a toujours dit que Sabrina s'occupait de lui en cachette et que, s'il avait révélé qu'elle était sa tante, elle se serait fait renvoyer. Je n'avais jamais vu les choses sous cet angle…

Nous contemplons en silence toutes les trois nos tasses de thé fumantes, auxquelles nous n'avons pas encore touché. L'ombre d'Adeline plane au-dessus de nos têtes, triste et joli fantôme dont les yeux noirs me transpercent. Moi qui m'apprête à devenir mère, mon cœur se déchire à l'idée d'infliger la même peine, la même douleur du manque à mon futur enfant. L'histoire est-elle donc condamnée à se répéter, sous une forme moins traumatique, certes, mais quand même… ?

— Ça va, ma nine ? Tu es toute pâle.

— Voilà, je te l'avais bien dit qu'il ne fallait pas l'embêter avec tout ça ! Ce n'est vraiment pas le moment de remuer des choses si difficiles, alors qu'elle devrait juste penser à son petit !

— Sa petite, tu veux dire.

— Ne vous disputez pas… Ça n'en vaut pas la peine. Vous avez bien fait de m'en parler, comme je vous l'ai dit la dernière fois, ça fait partie de l'histoire de famille de mon bébé, et je ne veux rien lui cacher. On fera avec, voilà tout.

— Alex te parle de sa mère ?

La question est timide, mais les yeux inquisiteurs. Elles brûlent de savoir comment il s'en est vraiment sorti, le *péquélé*. Garde-t-il des séquelles de tout ça, a-t-il hérité un tant soit peu de son horrible père ? Ou bien a-t-il concentré la douceur de sa mère ? Il a les mêmes yeux qu'elle, en tout cas.

Je n'élude pas la question. Puisqu'elles ont joué le jeu, je leur dois bien ça.

— Très peu. Pour être honnête, il fuit le sujet de ses parents. C'est compréhensible, non ?

— Ça, c'est sûr.

Mireille hoche vigoureusement la tête.

— Il m'a toujours raconté que ses grands-parents s'étaient bien occupés de lui, qu'il n'a manqué de rien… mais que son enfance chez eux était triste à mourir. Ce n'est pas de leur faute, mais ce foyer transpirait le malheur, et puis sa grand-mère n'était pas très démonstrative, je crois. Heureusement qu'il a eu Sabrina.

— Hmm… peut-être bien la seule qui vaille quelque chose dans cette famille.

Le mépris que Rosalie affiche envers les gitans me gêne. Après tout, il s'agit d'une partie des origines d'Alex, et donc, de notre futur bébé. Je ne laisse rien paraître du malaise que je ressens et poursuis mes confidences. Elles sont suspendues à mes lèvres. Un peu garce, je prends tout mon temps avec une pensée pour John, qui m'avait fait le même coup lors de notre crêpe party improvisée.

Je me lève paresseusement pour aller aux toilettes. Depuis que je suis enceinte, j'y vais quinze fois par jour. Lorsque je reviens m'asseoir après m'être lavé les mains, je trempe une navette dans mon thé refroidi et croise le regard courroucé de

Rosalie. Elle tapote nerveusement ses doigts sur la table et se retient de me questionner sur la suite. Ça lui apprendra à faire des remarques désagréables. Je m'essuie les lèvres et poursuis.

— Sabrina lui a sauvé son enfance. Elle lui a apporté ce petit grain de fantaisie et d'affection dont tous les enfants ont besoin pour être heureux. Il est très attaché à elle.

— Et sur son père, il ne t'a jamais rien dit ?

— Il sait qu'il est sorti de prison depuis longtemps. Il en parle comme d'un salaud avec qui il n'a rien à voir et qu'il n'a pas du tout envie de rencontrer, pas plus que sa famille, d'ailleurs. C'est compliqué pour lui d'en parler, surtout depuis qu'il sait qu'il va être père à son tour…

— Eh oui, pauvre petit. Mais il est si gentil, je suis sûre qu'il sera un papa formidable.

— Je n'ai aucun doute là-dessus.

— Et puis, on est là, tu sais…

Mireille saisit doucement ma main et la presse affectueusement. Elle est si mignonne, je me lève et lui cale un baiser bruyant sur la joue, ce qui la fait rire, comme à chaque fois. Ses petits yeux sombres me scrutent avec bienveillance, j'espère sincèrement que sa famille lui rendra visite pour Noël, elle a l'air de tant y tenir !

Comme si elle lisait dans mes pensées, Rosalie me demande ce que nous ferons pour les fêtes. Prise de court, je réponds que mes parents nous ont invités, mais que je ne leur ai pas encore donné ma réponse.

— Valenciennes, c'est où ça ? me demande-t-elle d'un air méfiant.

— Dans le nord de la France, bien au-dessus de Paris.

Ma vieille amie lève les yeux au ciel comme si je lui avais parlé d'aller en Patagonie.

— Dans ton état, ce n'est pas prudent de faire autant de kilomètres ! Tu ferais mieux de rester tranquille ici, ils ne peuvent pas venir te voir, eux ?

— C'est-à-dire… ils ne savent pas encore que je suis enceinte.

— Ah bon ?

— Mais pourquoi ?

Ça y est, les commères sont de retour. Décidément, je leur fais leur journée.

— Justement, parce que j'aimerais le leur annoncer de vive voix.

Explication on ne peut plus plausible, mais un beau mensonge de plus à mon actif. Je suis en terrain glissant, et ne sais plus comment faire marche arrière, j'aurais dû me douter qu'elles ne lâcheraient pas l'affaire aussi facilement.

— Et tu as des frères et sœurs ?

— Oui, tiens, on ne sait pas grand-chose en fait sur ta famille, Emma. Et puis tout de même, à Noël, tu seras enceinte de presque six mois, tu n'as pas eu envie de leur dire avant ? À ta mère, au moins ?

— Si, bien sûr… Mais depuis que j'ai quitté la maison, je me confie moins à eux, et puis ils ne connaissent même pas Alex…

— Tu as peur de leur réaction ?

Je soupire. Si elles savaient à quel point je la redoute.

— Un peu. Mais ça va aller, mes parents sont très gentils, ils vont juste penser qu'on ne se connaît pas depuis très longtemps avec Alex, c'est pour ça que je souhaitais le leur présenter avant.

— Oh pas d'inquiétude, quand ils verront à qui ils ont affaire, ils vont l'adorer, ne t'en fais pas ma nine.

— Merci, ma Mireille, oui, je sais bien. Je vais vous laisser maintenant, j'ai besoin de faire une sieste.

— Oui, oui, bien sûr, repose-toi bien surtout !

Elles répondent en chœur, comme les deux grands-mères attentionnées qu'elles promettent d'être pour mon futur bébé.

Tout en rentrant chez moi, je repense à leurs propos sur la famille gitane d'Alex. Est-ce que cette sordide affaire contient réellement des zones d'ombre ? Ou est-ce que mon cerveau de femme enceinte mouline un peu trop fort ?
Une seule personne pourrait m'aider à y voir plus clair dans tout ça. Dès demain, j'irai trouver Sabrina.

13

Elle n'a pas l'air étonnée lorsque je sonne à sa porte, comme si elle s'attendait à ma visite. Je commence par m'excuser de débarquer sans l'avoir prévenue avant, mais elle balaie ma phrase d'un revers de main.

— Je savais que tu viendrais me voir un jour ou l'autre. Sans Alex. Allez, entre vite.

Sa petite maison bien chauffée n'a rien à voir avec l'appartement plus ou moins communautaire que j'imaginais vaguement. À la mort de son mari, survenu il y a une quinzaine d'années, Sabrina a décidé de vivre un peu en retrait des siens. Leur immeuble se situe à peine à quelques rues de là, mais cet espace fait toute la différence. Une manière de s'affirmer sans les rejeter, elle qui s'est toujours sentie un peu à part. C'est sûrement pour cette raison qu'Adeline a trouvé du réconfort immédiatement à ses côtés, la seule personne qui a alors été réellement chaleureuse et accueillante envers elle.

J'entends des voix d'enfants dans la pièce d'à côté. Je tends l'oreille, curieuse.

— Ce sont mes petits-enfants. Tu veux les rencontrer ?

Mon cœur s'accélère. Alex a si bien cloisonné sa vie que je me sens comme une intruse, une indésirable. Qui suis-je pour m'immiscer ainsi dans l'intimité de son passé ?

Mais je n'ai pas le temps de me poser plus de questions, trois têtes brunes déboulent en même temps dans le salon où je ne me suis pas encore assise. Ils s'arrêtent net en m'apercevant et me dévisagent avec curiosité, aucunement gênés, contrairement à moi qui rougis et bafouille. Sabrina vole à mon secours.

— C'est Emma, une amie. Elle est très gentille.

— Tu attends un bébé ?

La fillette qui vient de me poser la question ne doit pas avoir plus de huit ans. Ses yeux vifs vont et viennent entre mon ventre et mon visage. Sabrina ne la réprimande pas pour sa curiosité, au contraire même, elle l'encourage.

— Tu as l'œil ma Lola, c'est bien.

Effectivement, avec mon gros manteau que je n'ai pas encore enlevé, il fallait avoir l'œil. Lola se tourne vers sa grand-mère et me désigne d'un coup de menton.

— Elle est *choukar*.

J'interroge Sabrina silencieusement. Comment cette enfant vient-elle de me qualifier ?

— Elle dit que tu es belle. Elle a raison.

Je souris. Ce compliment tout simple me réchauffe le cœur, je me sens accueillie. Je cherche à mon insu une quelconque ressemblance entre Alex et tous ces visages d'enfant. Les deux autres sont des petits garçons qui ont l'air d'avoir quatre ou cinq ans, et qui sont aussi bruns et dégourdis que Lola. Après m'avoir dévisagée attentivement, ils semblent plus intéressés par le roulé à la confiture tout juste sorti du four de Sabrina que par ma présence. Seule Lola reste auprès de moi. Elle ne me sourit pas, mais glisse sa petite main dans la mienne. Ce contact léger me bouleverse. Je ne pourrai jamais cacher cela à Alex. Il doit les rencontrer ! Quelle richesse, tous ces enfants, cette famille qui lui tend les bras !

J'enlève mon manteau, et la petite fille s'en saisit d'autorité. Elle me dit de m'asseoir, puis m'apporte une petite assiette garnie d'une tranche de roulé.

— Mange, me dit-elle. C'est bon pour toi et le bébé.

Je me retiens de rire, elle me dit ça si sérieusement, une vraie petite mère en devenir.

Sabrina revient s'installer près de nous tandis que les garçons disparaissent aussi vite qu'ils étaient apparus. J'entends leurs rires joyeux et leurs voix fraîches.

— Ils sont beaux, hein ? me lance Sabrina avec fierté.

— Très.

— Ce sont Juan et Pedro. Deux des fils de ma petite dernière, Carmen.

— Elle en a d'autres ?

— Oui, cinq en tout. Deux plus grands et un bébé. Le bébé est malade, c'est pour ça que Yaya s'occupe de mes cousins, intervient Lola avec bien plus d'assurance que je n'en avais au même âge.

— Donc, toi, tu n'es pas la fille de Carmen, alors ?

— Bah non ! Moi, ma mère, c'est Angela. Je suis venue aider Yaya pour surveiller les garçons.

Sabrina la couve tendrement du regard. Je sens un lien fort entre elles.

— Ma petite Lola vient très souvent me voir.

— Tous les jours, Yaya !

— Oui c'est vrai.

Au même moment des cris retentissants émanent de la pièce d'à côté, les garçons se disputent.

— Juan ! Pedro ! Ça suffit ou je me fâche !

Ce n'est pas Sabrina qui vient de s'exprimer ainsi, mais bien la petite Lola, qui file retrouver ses cousins comme une mère en colère. Sa grand-mère capte la surprise et l'amusement dans mon regard.

— C'est comme ça chez nous. Les filles d'ici ne sont pas comme les gadji, elles apprennent très vite à s'occuper des autres, et il vaut mieux qu'elles aient du caractère, sinon…

On échange un regard qui en dit long.

— Sinon, elles risquent de finir comme…

— Tais-toi ! Ne prononce pas son prénom ici. Pas comme ça.

Je sursaute. C'est la première fois que j'entends Sabrina s'adresser aussi durement à quelqu'un. Elle jette un regard inquiet vers la pièce voisine et chuchote à mon intention.

— On ne peut pas parler ici, pas maintenant. Lola voit tout et entend tout, c'est une enfant très intelligente et sensible, je ne veux pas l'effrayer.

— Mais…

Sa paume de main levée me coupe la parole. Elle se signe et murmure une prière entre ses lèvres en fermant les yeux. Je la perçois soudain comme une vieille femme malgré ses cheveux noir brillant et ses créoles dorées. Ma poitrine se serre. Alex m'en voudrait sûrement de tourmenter ainsi sa Sabrina chérie. Pourtant, mes intentions sont bienveillantes, c'est ce que je voulais lui dire avant qu'elle me somme de me taire.

Lola revient et se rassied entre nous deux. Son petit air autoritaire m'attendrit à nouveau.

— C'est bon, assure-t-elle. Ils sont calmés.

Elle mord à pleines dents dans sa tranche de roulé à la fraise et retrouve enfin une expression d'enfant lorsque ses yeux roulent vers l'arrière.

— Hmm, c'est trop bon, Yaya !

Nous rions, comme si de rien n'était. Malgré ses antennes, la petite Lola ne semble pas avoir remarqué l'incident.

Sabrina me demande si je veux bien rester encore une heure, jusqu'à ce que Carmen vienne récupérer les enfants. J'acquiesce, tout en me demandant ce que je vais bien pouvoir raconter à Alex pour justifier mon absence. La vérité, peut-être, tout simplement.

En attendant l'arrivée de Carmen, Sabrina me questionne plus ou moins adroitement sur mon état psychologique. Elle m'avoue s'être fort inquiétée, et j'élude difficilement son regard perçant lorsqu'elle me demande si quelque chose en moi menace ma grossesse. Elle est si directe, je la connais pourtant maintenant, mais, malgré toute la confiance que j'ai en elle, je ne peux pas lui parler avant d'avoir tout dit à Alex. C'est ce que je dis à Sabrina, aussi simplement que ça. Elle a vu juste, il y a bien un problème. Elle se signe à nouveau et jette un œil vers la statuette de la Vierge Marie posée dans l'angle de la pièce. C'est alors seulement que je remarque les innombrables objets religieux disséminés à travers la maison. Sabrina et la plupart des siens sont profondément croyants, aussi sa promesse de prier pour moi me touche-t-elle comme une sincère marque d'affection.

Lola n'a pas perdu une miette de notre échange. Il me semble qu'elle est encore plus attentive à mes postures et expressions, c'est bien la digne petite-fille de sa grand-mère, une sorcière bien-aimée en devenir. Elle étudie et commente mes vêtements, mes cheveux blonds, mes yeux bleus, me demande si je sens bouger le bébé, pose une main légère sur mon ventre… Lorsque Carmen sonne à la porte, elle me demande anxieusement si je reviendrai les voir. Je lui promets que oui.

Je n'ai pas l'énergie de rencontrer toute la famille d'un coup, aussi je m'éclipse aux toilettes pendant que la maman pressée repart avec sa progéniture en emmenant Lola au passage.

Nous nous retrouvons seules avec Sabrina. La nuit tombe. Je frissonne.

— Tu as froid ?

— Non, ne t'inquiète pas, tout va bien.

— Emma… Je ne sais pas ce que tu es venue chercher, mais j'ai déjà essayé avant toi, et je n'y suis jamais arrivée.

— À quoi ?

— Réconcilier Alex avec son passé, sa famille, nous, eux… C'est impossible. C'est cassé, fini.

— Je ne sais pas si tout est fini, justement. C'était il y a si longtemps, et quand je vois ces enfants magnifiques et si gentils, j'imagine aussi tous ceux que je n'ai pas vus… Alex adore les enfants, ça lui ferait tant de bien de rencontrer ses cousins, ses neveux et nièces…

— Tu sais, il n'est pas vraiment comme nous. Il a grandi avec des gens qui nous méprisent, ça s'est imprégné en lui, on ne peut pas revenir en arrière. C'est comme ça. C'est trop tard.

— Sabrina, est-ce que tu peux me parler du jour où c'est arrivé ? Et pourquoi tu ne voulais pas que je prononce le prénom d'Adeline tout à l'heure ?

Elle ferme les yeux et une expression de souffrance déforme brièvement ses traits. Elle se signe encore.

— Je l'aimais beaucoup, mais c'est avec elle que le malheur est arrivé dans notre famille.

— Et elle, alors ? Elle a perdu la vie !

— Elle était si différente de nous, elle n'aurait jamais pu être heureuse en restant avec Johnny, et je crois que tout le monde le savait. C'est pour ça qu'on est tous responsables de ce qui est arrivé. Le père d'Alex a passé quinze ans en prison, mais on aurait pu tous y aller aussi.

— Qu'est-ce que tu veux dire ?

— Rien, rien, c'est une façon de parler. Je me sens coupable depuis si longtemps. J'ai tout fait pour essayer d'adoucir la vie d'Alex, je me suis compromise, j'ai contourné l'interdiction du juge… Je ne pouvais pas l'abandonner, c'était plus fort que moi.

— Et tu as bien fait. Grâce à toi, Alex a eu un peu de l'amour d'une mère, même si tu n'étais pas la sienne. Tu en avais la tendresse, en tout cas.

— Ça ne remplace pas… Rien ne remplace l'amour d'une mère.

Je me tasse sur moi-même, touchée en plein cœur. Pourquoi me dit-elle ça maintenant, à moi ? Les larmes montent, elle prend mon visage entre ses mains assez vigoureusement, et plaque ma tête contre son épaule. Ce câlin revigorant et inattendu me fait du bien. Je renifle, mais parviens à me reprendre rapidement. Cette conversation est trop importante.

Je reviens sur un point qui me semble flou.

— Pourquoi insistes-tu sur cette culpabilité collective ? Johnny était violent, non ? Il frappait Adeline régulièrement ?

— Ce n'est pas aussi simple. Au début, ils étaient très amoureux tous les deux. Il était fier d'avoir su séduire une aussi jolie fille, si bien élevée, qui venait d'un milieu reconnu en ville.

Il ne s'attendait pas à la réaction de sa mère. C'est de là que tout est parti.

— Sa mère ?

— Oui, Dolores. La grand-mère d'Alex, ma mère à moi aussi. Elle avait de la méchanceté en elle, paix à son âme. Je suis désolée de parler d'elle comme ça, mais elle a fait beaucoup de mal à tout le monde, peut-être à cause de sa maladie, je ne sais pas… Ou alors, c'est le désespoir…

— Le désespoir ?

— Oui, de ne pas avoir pu repartir sur les routes. Certains d'entre nous ne s'en remettent jamais. La sédentarisation des gitans, c'était nouveau à l'époque, Dolores ne l'a jamais accepté. Elle a beaucoup souffert d'en être la cause. Elle détestait les Arlésiens de souche, tous ceux qui avaient des racines ici. Alors, quand son propre fils a ramené une gadji, issue d'une authentique famille provençale, ça a été terrible pour elle.

— Mais Alex ? Elle l'a rejeté aussi ?

— Elle a eu du mal à s'y attacher. Adeline la soupçonnait de ne pas très bien s'en occuper quand elle se l'accaparait de longues journées, elle se confiait souvent à moi et elle pleurait dans mes bras en me disant qu'elle était une mère épouvantable, qui n'arrivait pas à protéger son bébé… Et puis Johnny s'éloignait d'elle, buvait, multipliait les sorties avec Manolo, notre frère aîné qui l'entrainait dans toutes ses combines.

— Manolo, le chef de bande ? Les Caïmans…

— Comment sais-tu ça ?

— Oh, j'ai fait mes petites recherches, moi aussi. Mais peu importe, je ne sais pas grand-chose au fond, c'est pour ça que j'ai besoin de tes lumières.

— Eh bien, petit à petit, Adeline s'est convaincue que le seul moyen pour eux de s'en sortir était de partir, de quitter cette communauté maudite au sein de laquelle Johnny resterait toujours sous la coupe des siens. Je lui ai dit de patienter, de ne pas lui en parler, que ça allait faire des histoires... Elle ne m'a pas écoutée, malheureusement. Quand Johnny a réalisé ce qu'elle voulait faire, il est devenu fou. C'est là qu'il a commencé à être violent avec elle. Mais jamais au point de la blesser grièvement. Et quand il lui donnait une claque, elle lui en rendait une. Œil pour œil, dent pour dent. Elle savait se défendre, la petite.

Sabrina sourit nerveusement, le regard perdu dans ses souvenirs. Je la ramène vers ma question initiale.

— Que s'est-il passé, ce jour-là ? Est-ce qu'ils étaient seuls ? Ils se sont disputés, et ça a dégénéré ?

À ma grande surprise, Sabrina se met à gémir en se balançant doucement d'avant en arrière sur le sofa. Elle marmonne une prière en gitan et de grosses larmes roulent sur ses joues ridées. Je ne comprends pas sa réaction.

Elle se calme enfin, se mouche bruyamment dans un mouchoir en tissu qu'elle cachait dans les replis de sa jupe, et ses épaules s'affaissent d'un coup.

— Je n'en peux plus de garder ce secret depuis tout ce temps... Je veux lever la malédiction. Seigneur Jésus, *madre mio*, pardonnez-moi. Emma, ce n'est pas Johnny qui a tué Adeline. C'est Manolo.

14

Le retour à la maison est chaotique. Je n'arrête pas de pleurer, me demandant comment je vais faire pour cacher tout ce que je viens de découvrir à Alex. Sabrina m'a fait jurer de ne rien lui dire pour l'instant. Elle n'avait pas du tout prévu de me révéler ce secret, pensant qu'elle l'emporterait dans sa tombe le jour venu. Il semblerait qu'elle ait perçu bien plus de choses me concernant que ce que j'imaginais, et cela a tout changé, ma luciole. Ta présence chamboule toutes les règles qu'on s'était respectivement fixées dans nos vies : elle, celle de ne jamais rien révéler à personne, moi, celle de ne jamais tomber enceinte… Bravo, on a fait fort toutes les deux.

Un message contrit d'Alex me demande de ne pas l'attendre pour dîner, il est retenu par sa propriétaire, qui aimerait refaire le point sur la valeur du fonds de commerce pour éventuellement lui en céder le bail. Elle aimerait investir ailleurs et pourrait même avoir envie de vendre les murs de la boutique. Je sens qu'Alex est sur les rangs. Si sa situation financière le permettait, il rachèterait l'ensemble. Qui sait, avec un coup de pouce de la banque, peut-être que ce projet pourrait prendre vie ?

En tout cas, cela ne pouvait pas mieux tomber. Je me calme instantanément, profondément soulagée par ce petit répit qui m'est offert, et en profite pour remettre de l'ordre dans mes idées. J'avais laissé Gary tout seul, et la priorité est de le sortir.

Je le supplie de faire vite, j'ai froid et il me tarde de prendre une douche bien chaude, de me changer et de me mettre au lit pour préparer mon discours. Il tire sur sa laisse en couinant, mais je tiens bon. Non, mon vieux, pas de balade supplémentaire ce soir !

Nous remontons en vitesse les escaliers, et je me barricade avant de croiser qui que ce soit, je ne suis pas en état de faire la conversation. Bien m'en a pris, dès que ma porte d'entrée se referme, j'entends celle de Rosalie qui s'ouvre, elle devait me guetter, mais elle en sera pour ses frais.

Cette fois-ci, j'enlève pour de bon ma doudoune rouge, mon béret et pose mon sac par terre. Gary me regarde avec adoration, il déteste rester seul. Je le caresse machinalement et me prépare une infusion aux plantes. Je n'ai pas très faim. J'avale un yaourt aux fruits et croque dans une pomme pour me donner bonne conscience, mais mon esprit est ailleurs. J'abandonne le trognon sur un coin de table et file à la salle de bains.

La douche me fait un bien fou, une fois de plus. Je contemple le relief de mon ventre dans le miroir en me soulevant sur la pointe des pieds. En fin de journée, il forme un sacré renflement. Je me trouve belle. J'efface toute trace d'éventuelles larmes sur mon visage, me crème et me glisse sous la couette avec un gros bouquin que je n'ouvrirai pas.

J'estime le retour d'Alex dans environ une heure, c'est suffisant. Un calme étrange m'a envahie dès que je me suis allongée. En fait, je sais ce que je vais lui annoncer depuis que j'ai quitté Sabrina. Et ce ne sont pas ses révélations à elle qui me faisaient pleurer, même si elles m'ont évidemment bouleversée. Non, c'était cette échéance, cette vérité que je te dois mon amour, et qui va faire basculer notre doux rêve dans une réalité abrupte.

J'entends ta clé tourner dans la serrure. J'inspire, me concentre sur toi, sur ta voix que j'aime tant. Ta présence.

Tu me demandes si je lis, je te réponds par un trait d'humour. Tu me souris tristement. Je te fais signe de venir t'asseoir à côté de moi. Tu enlèves tes chaussures et viens te pelotonner tout contre moi. Je te hume, tu as l'air d'avoir froid, alors je prends tes grandes mains entre les miennes et entreprends de souffler dessus pour les réchauffer.

Je te demande si tu es bien, si tu te sens prêt.

Tu me réponds que oui, enfin tu crois que oui.

Alors je me lance.

TROISIÈME PARTIE

Agathe

1

Mireille et Rosalie avaient raison.

Je suis une fille.

Maman aussi le savait, je l'ai senti au fond de son ventre pendant que le pendule en or de Rosalie formait des petits ronds au-dessus de sa main. Quand les perruches ont dit : « C'est une fille » – oui, figurez-vous qu'on entend tout de l'intérieur, je savais déjà que papa les appelait comme ça, les perruches, et je trouvais que ça leur allait bien, soit dit en passant –, le cœur de maman s'est emballé au point que le mien a piqué une pointe. Elle savait.

J'ai adoré être reliée à elle comme ça. Je sentais tout comme elle, le parfum de ce qu'elle mangeait, sa tristesse, son rire, ses inquiétudes, les odeurs qui l'écœuraient, sa main qui venait me chercher, timidement d'abord, et puis quand elle sentait que je répondais, elle appuyait un peu plus fort, c'était chouette.

Et puis, surtout, j'adorais le son de sa voix. Il me parvenait étouffé, mélodieux, chantant ou impérieux, doux ou sauvage. Il parcourait mon petit corps en formation de ses ondes joyeuses et je sentais tout son amour.

Vous allez dire que j'exagère, qu'un petit fœtus de quinze centimètres ne peut pas ressentir tout ça, et encore moins s'en souvenir, mais moi, j'aime imaginer que c'est possible. J'aime

me dire que, pendant les neuf mois de grossesse de ma mère, on
a été unies si fort que notre amour est devenu éternel.

2

1er juillet 2012

Aujourd'hui, pour la première fois de ma vie, je vais assister à un enterrement. Je suis triste, parce que j'aimais bien le vieux monsieur John, même s'il râlait tout le temps et que papa et les autres devaient s'occuper de lui parce qu'il avait déjà renvoyé quatre infirmières. Elles sont toutes parties en criant ou en pleurant. Elles disaient qu'il était vraiment insupportable, et d'autres noms que je n'ai pas le droit de répéter.

Mais c'est surtout Victor qui a passé un tas de temps avec lui. Victor et son ami Laurent. Je les adore tous les deux, ils sont trop rigolos. Dès que je rentre de l'école, je passe à la boulangerie chercher mon goûter et j'ai presque chaque soir une nouvelle surprise. Hier, par contre, je n'ai rien eu. Victor avait fermé la boutique parce qu'il était trop triste. Même les perruches n'arrêtent pas de pleurer. Pourtant elles s'engueulaient tout le temps avec John, mais elles lui apportaient aussi à manger, elles le dorlotaient. Maman me dit souvent que ce n'est pas grave, les disputes. Du moment qu'on s'aime, c'est la vie.

— Tu es prête, ma puce ?

— Oui. Est-ce que je dois vraiment m'attacher les cheveux ?

— C'est mieux, mais tu fais comme tu veux.

— Bon, OK.

Je soupire et papa me remercie avec les yeux. Ça se passe toujours comme ça entre lui et moi, soit on se parle en silence soit il me demande un truc en me faisant croire qu'il me laisse le choix, mais en sachant que je ferai ce qu'il veut, lui. Vous me suivez ?

Je me fais une queue de cheval un peu haute, mais mes cheveux ne sont pas très obéissants, comme dit papa. Ta crinière blonde. Il soupire parfois en disant ça. Mais il n'est jamais triste longtemps, c'est ça qui est bien.

À dix ans, on n'a pas beaucoup de noir dans sa garde-robe, alors papa m'a dit de mettre ma robe bleu marine et j'ai quand même le droit de porter mes baskets. Heureusement, car à part des sandales pour aller dans l'eau, je n'ai que ça comme chaussures, plein de baskets de toutes les couleurs.

— C'est bon, je suis prête.

— OK ma luciole, tu te souviens de tout ce que je t'ai dit ?

— Mais oui, t'inquiète pas. Je reste avec toi ou Victor ou Laurent, je ne m'approche pas du cercueil s'il est ouvert, je ne parle pas et je ne ris pas pendant la messe. J'écoute, mais je poserai mes questions après. C'est ça ?

— Ouais, à peu près. Mais encore une fois tu n'es pas obligée de venir, ta copine Lulu voulait t'inviter cet après-midi, tu te souviens ? Je peux encore te déposer chez elle…

— Non. Je viens avec toi.

Je regarde bien en face mon papa et prends sa main dans la mienne pour lui montrer que je ne changerai pas d'avis. Il le sait très bien.

— Alors, on y va princesse. En route.

Quand on retrouve Victor et Laurent, ils lui demandent si je ne suis pas un peu jeune pour assister à un enterrement, mais je leur fais les gros yeux, ils ne vont pas s'y mettre, eux aussi !

Elle veut lui dire au revoir, soupire papa.

Oui, voilà. J'ai souvent entendu dans des histoires ou dans des films que « le défunt se rendait dans sa dernière demeure », alors je ne vois pas pourquoi je laisserais John y aller tout seul. Je lui ai fait un super dessin, et si je ne peux pas m'approcher du trou dans lequel il va être enseveli, papa m'a promis qu'il le déposerait à ma place.

Mireille et Rosalie sont contentes de me voir. Il fait chaud et elles ont l'air vraiment fatiguées toutes les deux, alors je leur propose de boire un peu d'eau dans la gourde que j'ai amenée avec moi, mais elles refusent gentiment. Elles disent qu'il n'y pas beaucoup de monde peuchère, que le pauvre Monsieur John méritait quand même mieux malgré son fichu caractère.

C'est vrai qu'à part papa et moi, Victor et Laurent et elles deux, il n'y a qu'un autre monsieur et une dame que je ne connais pas. Ils nous regardent comme s'ils voulaient nous parler, mais qu'ils n'osaient pas, alors je me dis que ça serait peut-être plus facile pour eux avec une enfant, je ne risque pas de leur faire peur au moins. Et puis les enfants, on sait que ça parle avec tout le monde, enfin moi en tout cas j'aime bien faire ça.

Je m'approche d'eux en douce. On est à l'ombre devant l'église et le prêtre n'est pas encore arrivé. Je leur souris. La dame détourne un peu le regard, mais le monsieur répond franchement à mon sourire. Il a de beaux yeux bleus. Il est vieux, mais pas autant que Mireille et Rosalie.

— Bonjour.

— Bonjour, comment t'appelles-tu ?

Son accent est encore plus fort que celui de John et ça me donne immédiatement envie de rire, mais ce n'est pas le moment, je me souviens de ce que papa m'a dit, on ne rit jamais dans une église. Même si la messe n'a pas commencé, ce n'est pas le moment de me faire remarquer.

— Agathe.

— C'est joli. Tu connaissais bien John, Agathe ?

— Oh oui, c'était mon voisin du dessus. J'allais tout le temps le voir, il m'apprenait à dire des gros mots en anglais, je rigolais bien avec lui !

Je vois bien qu'eux aussi se retiennent de rire, mais ils font comme moi, ils veulent paraître bien élevés alors ils se retiennent.

— Et tous ces gens, ce sont aussi des voisins de John ?

— Oui, mais vous savez, on était plus ses amis que ses voisins. On était comme sa famille.

— Ah, c'est bien. C'est bien.

Ça y est, papa m'a grillée. Je le vois au froncement de ses sourcils, il m'interdit de parler aux inconnus, alors là forcément il n'est pas content.

— Bonjour monsieur, Alexandre Aubert. Je ne crois pas vous connaître ?

Ils se serrent la main.

— Arthur Hoffman. Le fils de John.

Alors là, si vous aviez vu la tête de papa, j'ai cru qu'il ne lâcherait jamais la main du monsieur. Il avait l'air super ému. Il a parlé tout doucement après.

— Pardon, je croyais que… je ne savais pas, enfin…

— Qu'il avait un fils ?

— Si, ça je le savais. Mais je pensais que vous-même l'ignoriez à vrai dire.

— C'est ce qu'il vous a dit ?

Ses yeux bleus sont si tristes d'un coup que j'aurais envie de le consoler. Je bouscule discrètement papa pour qu'il rattrape le coup.

— Non, enfin c'est ce qu'il nous avait dit il y a très longtemps, mais sans jamais nous raconter la fin de l'histoire, alors…

— Alors c'est moi qui vous la raconterai, j'en ai besoin. Vous permettez que je vous invite au restaurant après la cérémonie ?

— Oui bien sûr, avec plaisir.

Maintenant je peux vous le dire, je crois bien que j'ai grandi aujourd'hui. J'ai assisté au truc le plus triste et le plus beau que je n'avais jamais vu de toute ma vie. Je suis bien contente d'avoir insisté auprès de papa pour venir.

Déjà, je n'avais jamais vu de cercueil en vrai. Une fois qu'on s'est installés sur les petits bancs en bois de l'église fraîche et sombre, quatre messieurs habillés tout en noir sont entrés sans faire de bruit en portant le cercueil sur leurs épaules. J'ai imaginé John tout seul enfermé là-dedans, et j'ai eu très envie de pleurer. Je crois que c'est seulement à cet instant que j'ai compris, j'ai compris que je ne le verrais plus jamais. J'ai baissé la tête pour me cacher, mais papa a su avant moi ce qui allait se passer. Il m'a serrée fort contre lui et a mis sa grande main sur mon visage, comme ça j'ai pu pleurer bien tranquillement sans embêter personne.

Ensuite, j'ai eu tout le temps de la messe pour me remettre de mes émotions parce que je n'ai rien compris à tout ce que disait le prêtre. Mireille et Rosalie par contre, elles m'ont épatée. Elles connaissaient tout par cœur, elles chantaient, récitaient les poèmes, enfin je veux dire les prières, en même temps que le prêtre, elles avaient l'air comme un poisson dans l'eau, comme dit papa. Victor, Laurent et papa étaient plus comme moi je crois bien, ils essayaient de suivre, mais ils n'avaient pas l'air d'y comprendre grand-chose non plus.

Heureusement ça n'a pas duré très longtemps, et après on a pris la voiture pour se retrouver au cimetière. Je n'étais jamais rentrée non plus dans un endroit pareil. Parfois, quand on voyage avec papa, on passe devant des cimetières et on aperçoit le haut des tombes en rang d'oignon derrière les grilles, mais cette fois-ci on est à l'intérieur, on marche dans les allées remplies de gravier et ça me fait tout drôle de voir en vrai de si près les tombes des gens. Souvent, il y a leur photo dessus en noir et blanc et j'essaie de lire leurs noms et de calculer leur âge grâce à leur date de naissance et de mort qui est gravée sur le marbre, mais c'est difficile parce que la plupart du temps ce sont des dates très anciennes et compliquées et puis les soustractions, ça n'a jamais été mon fort. J'abandonne rapidement, quand soudain on passe devant la photo d'un enfant et ça me terrifie. En théorie, on ne devrait pas pouvoir mourir quand on est un enfant, si ?

Nous voilà devant l'emplacement réservé à John. Le trou est prêt et j'ai de nouveau envie de pleurer. Papa le sent, il me demande si ça va aller et me redit que j'ai le droit de partir, il peut me raccompagner tout de suite si je veux. Je renifle et secoue la tête. Hors de question. Je ne l'abandonnerai pas maintenant mon papi John, pas comme ça. S'il était là, il me traiterait de petite froussarde, je dois lui montrer que je suis digne de lui.

Papa m'accompagne pour déposer mon dessin, nous le lançons ensemble vers la terre et il tourbillonne joliment avant de se déposer pile au bon endroit, comme un vrai cadeau. Ça me fait plaisir, j'espère qu'il lui plaira.

Ensuite, on se dirige tous vers la sortie, personne ne parle, on n'entend que le bruit de nos pas qui crissent sur les graviers, et les cigales qui chantent si fort que c'est à se demander combien elles sont pour faire autant de raffut.

Je monte avec papa dans la voiture, le supplie de me laisser venir devant avec lui, c'est vrai quoi, je suis en CM1 et quasiment la seule de ma classe à encore me taper la honte du siège arrière. Papa me dit que c'est parce qu'il a appris sur le tard à conduire, qu'il n'est pas sûr de lui et que je suis plus en sécurité comme ça. C'est n'importe quoi, il conduit très bien mon papa.

Bref, aujourd'hui est un jour spécial comme il dit, alors c'est d'accord. Je suis bien contente. On ne se parle pas, mais c'est encore mieux. On pense à John, sûr qu'il aurait drôlement râlé s'il avait été là, entre la chaleur, l'attente et les larmes des uns et des autres, il nous aurait bien secoués.

Les grands disent qu'il a eu une belle mort. Je ne savais pas que c'était possible. Victor l'a trouvé dans son lit, endormi sur le dos. Comme tous les matins, il venait lui donner un coup de main pour la toilette et le mettre dans son fauteuil, Laurent lui avait appris comment faire parce qu'il est infirmier et John ne voulait que Victor pour s'occuper de lui, alors ils se sont arrangés comme ça.

Papa m'a raconté vite fait comment ça s'était passé, il avait peur que ça me choque, mais pas du tout. Même si j'ai beaucoup de chagrin, je sais que papi John était très vieux et qu'il est sûrement content d'être parti comme ça, il me disait souvent qu'il se demandait quand est-ce que ça allait arriver et il avait un peu hâte, certains jours. Donc quand Victor l'a vu encore endormi à sept heures alors que d'habitude il tapait sur le sol avec sa canne depuis au moins une heure, surtout l'été quand le soleil se lève tôt, il a tout de suite compris. Il s'est approché doucement, il a vu qu'il était très blanc, et il est vite allé chercher Laurent parce que quand même, des morts on n'en voit pas tous les jours. Il était impressionné. Je le comprends, moi non plus je n'aurais pas aimé voir John comme ça.

Ensuite on est tous venus, enfin moi j'attendais devant la porte avec mon cartable parce que c'était l'heure de partir à l'école, mais les perruches et papa sont allés dire au revoir à John avant que le médecin arrive. Ils avaient tous les yeux rouges et ils me caressaient la tête en sortant de l'appartement. Comme si me voir les réconfortait. Ensuite je suis allée en classe, heureusement que c'est la fin de l'année et que les maîtres nous autorisent à jouer dans la cour toute la journée, parce que s'il avait fallu se concentrer ça aurait été très difficile. Lulu et Inès m'ont aidée à tenir le coup. Ce sont mes meilleures amies, on se dit tout, alors quand elles m'ont vu arriver ce matin-là, elles ont tout de suite compris que quelque chose n'allait pas. Je les ai un peu choquées en leur racontant la mort de John, elles le connaissaient et il les faisait rire avec sa manie de râler et de mouliner l'air avec sa canne, sauf qu'en vrai il ne faisait peur à personne – à part aux infirmières – et il le savait. Après avoir crié un bon coup, il nous faisait un clin d'œil et il nous donnait un petit biscuit ou une pièce de deux euros pour qu'on s'achète des bonbecs.

Je l'aimais tellement, mon papi John. Comme dit papa, il est en bonne compagnie là-haut, ça me console un peu.

3

Le restaurant dans lequel Arthur nous invite est totalement désert. Il faut dire qu'il est tard, j'ai drôlement faim et je n'arrête pas de grignoter du pain en attendant les plats. Ensuite, une fois que les grands ont tous bu un coup à la mémoire de John, Arthur nous raconte son histoire et j'oublie mon impatience. J'écoute de toutes mes oreilles.

Je sais que John avait révélé à maman son secret quand elle était enceinte de moi. Il lui avait dit qu'il avait vécu une grande histoire d'amour pendant la guerre, et qu'il avait eu un enfant sans le savoir avec une très jolie jeune femme prénommée Martha. Je crois qu'il était déjà marié avec une autre, et ça ne se fait pas d'avoir deux amoureuses. Ça m'est arrivé une fois quand j'étais au CP. Maxence me faisait des dessins avec des cœurs, on s'embrassait derrière les platanes de la cour de récré et il m'avait promis « juré-craché » qu'il se marierait avec moi plus tard. Alors, quand j'ai découvert qu'il avait dit la même chose à Jade, dans l'autre classe de CP, j'ai eu envie de pleurer. J'étais super triste et je ne lui ai plus jamais parlé de ma vie. Bon, aujourd'hui, c'est redevenu un pote, mais maintenant, je me méfie un peu des garçons. Papa dit que j'ai bien raison et que, s'il y en a un qui s'avise de me manquer de respect un jour, il lui cassera la gueule. Ça me fait bien rire, parce que, déjà, papa ne s'énerve pas souvent, et surtout, il déteste la violence. Les jours de corridas à Arles, il est de mauvais poil et il me dit que la maltraitance animale est un vrai scandale.

En parlant d'animal, j'aimerais bien qu'on ne tarde pas trop à rentrer quand même. Vu qu'on est tous là, il n'y a personne dans l'immeuble pour surveiller mon pauvre Gary. Il a douze ans et papa a beau m'expliquer qu'en âge de chien, il est aussi vieux que John, je n'arrive pas à y croire. J'ai grandi avec lui, je l'ai toujours connu. Papa m'a même dit que j'avais appris à marcher en m'appuyant sur lui et en lui tirant la queue. Il faisait une tête de pauvre malheureux, mais il ne s'est jamais énervé contre moi. Il n'a jamais aboyé pour protester. On dormait ensemble, lui et moi, jusqu'à l'année dernière, mais maintenant, il est devenu trop malade, il n'arrive plus à bouger de son panier. On est obligés de lui apporter à manger et à boire, et il faut bien les gros bras de Victor pour nous aider à le porter quand on veut lui faire prendre l'air. Papa dit que, si ça continue comme ça, on va devoir le piquer. Je sais qu'il aime Gary autant que moi, peut-être même plus, alors, pour l'instant, je préfère ne pas y penser. Ça ferait trop de morts d'un coup.

La voix rocailleuse d'Arthur et son accent rigolo – allemand, m'a dit papa – me sort de mes rêveries.

— Quand j'étais petit, j'étais persuadé que mon père était une sorte de héros national. Vous savez, du genre décoré et dont les rues portent le nom…

— Oh ça, ça l'aurait fait rire.

Arthur m'envoie un regard amusé, mais papa me fait « chut » avec les gros yeux. Ça ne se fait pas d'interrompre un adulte en train de parler. OK, je me tais papou.

— Oui, tu as raison, *liebling*. John aurait bien ri à l'idée de se voir couvert de médailles comme un sapin de Noël. Ce n'était pas son genre, les formalités.

— Ah ça, peuchère, vous pouvez le dire ! On en a passé des heures, Mireille et moi, à mettre de l'ordre dans ses papiers.

— Et je vous en suis profondément reconnaissant *damen*… Sans vous tous, je ne sais pas comment mon vieux père aurait fini sa vie. Il a toujours catégoriquement refusé de me rejoindre à Berlin, et moi, j'ai ma vie là-bas, ma femme, mes enfants et petits-enfants, mon métier…

— Ça veut dire que John était un arrière-grand-père ?

Nouveau regard mécontent de papa, mais je n'ai pas pu m'en empêcher. Arthur me sourit encore. Lui, au contraire, a l'air d'aimer mes interventions.

— Eh oui, *liebling*, mais il ne les a jamais vus, sauf en photo.

— C'est triste.

— Pas tant que ça, tu sais. Comme il me le disait souvent, sa vie était ici, avec vous. Il était content de savoir qu'il laissait une descendance, voilà tout.

— Il avait pourtant d'autres enfants, non ? On n'a jamais vu personne depuis son arrivée ici, il y a plus de dix ans.

— Oui, comme vous le savez sûrement, il avait eu deux filles avec son épouse. Il m'a dit que l'aînée était décédée d'un cancer sans jamais avoir eu d'enfants, et que l'autre s'était définitivement éloignée depuis la mort de sa mère. Il ne m'en a jamais reparlé. Je crois que ça le faisait souffrir, mais il avait fini par accepter la situation.

— En fin de compte, vous étiez sa seule famille.

— Paradoxalement, oui. Mais comme je vous le disais, ce n'était pas gagné. Ma mère a bien trop attendu pour me parler de lui. Je comprends sa peur, le risque du jugement… Et puis surtout, elle n'avait jamais parlé de tout ça à personne. Avoir un enfant hors mariage, à l'époque, c'était grave, alors avec un homme marié ! Un scandale. Je crois qu'elle voulait avant tout nous éviter ça.

— Elle vous l'a annoncé à son retour d'Irlande ?

— Oui. Elle avait menti sur sa destination, nous avait dit qu'elle partait rendre visite à une vieille cousine à Paris, dont personne n'avait jamais entendu parler, aussi nous fûmes un peu étonnés de la brièveté de son séjour. Et puis surtout, elle paraissait bouleversée. Très abattue. Elle a mis ça sur le compte de la fatigue et du soi-disant état de santé catastrophique de sa cousine, mais je sentais qu'elle cachait quelque chose et je lui ai dit. Je m'entendais très bien avec son mari, il me considérait presque comme un fils, aussi quand maman a répondu qu'elle souhaitait me parler seul et que je ne devrais révéler à personne ce qu'elle allait me dire, même pas à mon beau-père, j'ai compris que c'était sérieux. J'ai eu peur même, je ne savais pas du tout à quoi m'attendre, en fait.

Les plats arrivent au pire moment. Arthur s'interrompt alors que nous sommes tous suspendus à ses lèvres. Le serveur est si lent, on croirait qu'il le fait exprès. N'empêche, quand les frites et les nuggets que j'ai commandés arrivent devant moi, je ne fais pas la fine bouche. Je crois qu'il est plus de quinze heures et on a tous très faim. Personne ne parle, comme en classe quand la maîtresse vient juste de distribuer la feuille de contrôle et qu'on essaie de se concentrer, la tête baissée sur nos cahiers.

Une fois les premières bouchées avalées, Arthur reprend son récit.

— Ma mère a commencé par me dire qu'elle avait vécu une partie de sa jeunesse à Cookstown, en Irlande du Nord, une ville dont je n'avais jamais entendu parler. Comme elle était allemande et que ça se voyait, elle se sentait souvent mise à l'écart par la population locale. On était à la veille de la Seconde Guerre mondiale et Hitler n'avait pas bonne presse. Quand elle a rencontré John pour la première fois, c'est comme s'ils s'étaient reconnus. Elle m'a dit qu'elle a ressenti ça une seule fois dans sa vie, et c'était avec lui. Une sorte de connexion inexplicable, un bonheur simple de se voir et de passer des moments ensemble. À la façon dont elle m'en parlait, c'était clair qu'il s'agissait de l'homme de sa vie. Je crois qu'ils se sont vraiment aimés comme ça. Papa m'a confirmé plus tard qu'il avait ressenti la même chose. Le fait qu'elle soit allemande ne le gênait pas du tout, il voyait la personne avant sa nationalité et puis il savait faire la part des choses, contrairement aux habitants de leur ville à l'esprit étriqué.

— Comment Martha a-t-elle appris que votre père était fiancé à une autre ?

— Je crois qu'elle l'a su assez rapidement, mais elle était persuadée que le mariage n'aurait pas lieu, puisqu'il l'avait rencontrée, elle, et qu'ils s'aimaient si fort. Elle ne savait pas que la future mariée était déjà enceinte des œuvres de John. Quand elle l'a appris, c'était trop tard pour faire marche arrière. Ils étaient fous l'un de l'autre et prisonniers d'une situation qu'ils ne savaient plus comment dénouer. Mon père m'a même dit qu'il avait un moment envisagé de fuir, de s'installer avec Martha en Allemagne et de construire une nouvelle vie comme si la première n'avait jamais existé. Il n'en a jamais eu le courage, ou la lâcheté. Peut-être bien que ma mère ne l'aurait plus aimé s'il avait été capable de faire ça, abandonner sa femme et son enfant en temps de guerre… Alors ils ont choisi tous deux la résignation.

— Tout va bien, messieurs-dames ?

Personne ne répond au serveur, dont l'intervention une fois de plus nous dérange. Cette fois-ci il ne reviendra plus, tant pis pour nos desserts. Je ne serais pas contre une petite glace quand même, alors je lui fais un sourire pour l'amadouer au cas où. En attendant, je me sers un grand verre d'eau fraîche, car le sel des frites me pique la langue. De nous tous, c'est papa qui a l'air le plus fasciné et impatient de connaître la suite. Je crois que maman et lui avaient pas mal parlé de tout ça, et puis papa adore les histoires de famille, sûrement à cause de son histoire à lui.

Il demande à Arthur pourquoi Martha n'avait pas informé John de sa grossesse au lieu de partir si brutalement.

— Mais parce que ça l'aurait mis dans une situation impossible, et puis, comme je vous l'ai dit, Cookstown était une petite ville, alors déjà qu'elle n'était pas la bienvenue, si, en plus les habitants avaient appris qu'elle avait volé un homme marié et lui avait fait un enfant dans le dos, un des leurs ! Ils l'auraient mise au ban, peut-être harcelée, ou pire encore… Leur vie à tous les deux se serait transformée en calvaire.

— C'est pas juste.

Cette fois-ci, papa ne me reprend pas et ils ont tous l'air d'accord avec moi. J'ai même vu Laurent poser doucement sa main sur celle de Victor et la serrer, comme pour lui dire que tout le monde a le droit de s'aimer et qu'on ne devrait pas être condamné pour ça. Ce secret-là aussi, c'est maman qui l'a découvert. Elle est trop forte, ma mère. Papa m'a raconté qu'avant, Victor paraissait souvent malheureux tout seul dans sa boulangerie, et qu'elle passait des heures à parler avec lui dans l'odeur du pain chaud et des brioches. Au début, il en était même un peu jaloux, et puis il a compris que ça leur faisait du bien à tous les deux. Apparemment, Victor a été l'un des premiers à savoir que maman était enceinte de moi, c'est pour ça que c'est lui, mon parrain. Papa m'a dit qu'il avait beaucoup aidé maman pendant toute sa grossesse. Sabrina aussi, d'ailleurs.

Et puis, un jour Victor a confié à maman qu'il préférait les garçons, mais qu'il ne l'avait jamais dit à personne, de toute sa vie. Même à lui, il avait du mal à se le dire. Maman a été très chouette, d'ailleurs, c'est même grâce à elle que Victor et Laurent sont tombés amoureux. Le plus dur a été de faire accepter tout ça à nos petits vieux, comme dit papa, mais, encore une fois, grâce à maman, tout s'est passé comme sur des roulettes. C'est même Mireille et Rosalie qui l'ont défendu dans le quartier quand des vieilles biques disaient qu'elles étaient choquées de voir deux hommes ensemble. Et puis, nos perruches, il vaut mieux ne pas trop les énerver !

C'est ça qui est bien chez moi, et que toutes mes copines m'envient. Dans notre immeuble, c'est un peu comme si on vivait tous les uns chez les autres, moi, en tout cas, je vais chez Victor et Laurent, chez Mireille ou chez Rosalie comme si c'était ma maison. J'espère qu'on aura quelqu'un de chouette à la place de John…

— Ça va, ma crevette ?

Arthur s'est éloigné de la table pour répondre à un coup de fil et papa me regarde avec sa tête des grands jours. Il s'inquiète en essayant de ne pas le montrer, alors ça se voit encore plus.

— L'histoire de John et Martha, ça me fait penser à ta rencontre avec maman. Vous aussi, c'était fort comme ça, hein ?

Les yeux de papa se remplissent d'eau et je m'en veux de lui avoir posé cette question, quelle cruche. Mais il me sourit et ça fait comme un arc-en-ciel sur son visage.

— Oui. C'était aussi fort que ça.

4

Arthur se rassied, l'air pensif.

— C'était le notaire. Comme on ne sait pas où vit ma demi-sœur, il m'a demandé si j'étais d'accord pour qu'on engage un généalogiste.

Les yeux de Mireille et Rosalie s'arrondissent comme si on était dans une série télé avec un détective privé.

— Et vous avez accepté ?

— Oui, bien sûr. Qu'est-ce que j'ai à y perdre ? Tant qu'on n'a pas son identité, la succession est bloquée.

— Et l'appartement, qu'allez-vous en faire ?

— Je ne sais pas, on va déjà le vider de ses affaires, le nettoyer… Et en attendant que tout se débloque, on pourrait peut-être le louer ?

Je n'y comprends pas grand-chose, mais ils ont tous l'air de trouver ça normal, alors j'en profite pour choisir mon parfum sur la carte des glaces, avec un supplément de chantilly, bien évidemment. Le serveur me rajoute deux petits parapluies en papier rose et bleu, je vais les garder en souvenir de John.

— Arthur, vous n'avez pas fini votre histoire.

J'étais sûre que c'est papa qui reviendrait à la charge.

— *Damit*, où en étais-je ?

Je lui rafraîchis la mémoire en léchant ma cuillère.

— Vous disiez que tout le monde en voudrait à Martha si elle avait eu son bébé à Cookstown. Et moi, j'ai dit que c'était pas juste.

— Ah oui, merci *liebling*. Quand ma mère a compris qu'elle était enceinte, elle a immédiatement organisé son retour en Allemagne, elle n'a prévenu personne et n'a laissé aucun indice à qui que ce soit. Vu les tensions internationales à ce moment-là, les déplacements étaient de toute manière fortement déconseillés. Une fois partie, elle n'allait sûrement pas revenir. Mon père était fou. Il a interrogé le plus discrètement possible sa logeuse et les rares personnes qu'ils côtoyaient en commun, mais personne n'a rien su lui dire, à part sous-entendre qu'elle avait bien fait de fuir, la Schleue. Voyez un peu l'ambiance… Mes grands-parents ont été surpris de voir revenir leur fille cadette, qui avait pourtant clairement dit quelques années auparavant qu'elle comptait bien ne jamais revenir vivre en Allemagne, mais ils ont vite compris pourquoi en apprenant sa grossesse. Ils étaient assez ouverts d'esprit, aussi ils ne l'ont pas condamnée de ne pas avoir attendu d'être mariée, et ils ont cru ou fait semblant de croire à l'histoire de son fiancé tué au combat. En tout cas, ils m'ont élevé sans jamais critiquer les choix de ma mère et en parlant de ce père inconnu avec respect. Simplement, je sentais qu'il ne fallait pas que j'insiste trop, surtout avec ma mère. Ce n'était pas un sujet tabou, mais…

— Oh je vois bien ce que vous voulez dire. J'ai été élevé un peu dans les mêmes conditions, par des grands-parents qui ne voulaient pas me parler de mon père, pour d'autres raisons.

Arthur attend poliment que papa poursuive, mais il balaie l'air de la main comme pour s'excuser de l'avoir interrompu.

— Bref, j'ai donc passé une enfance à peu près normale, et, franchement, j'étais loin d'être le seul gamin à avoir perdu son père sur le champ de bataille. À l'époque, mon histoire n'étonnait personne. Mis à part le fait que je portais le même nom que ma mère, impossible de savoir que j'étais un enfant illégitime.

— Effectivement. Et quand Martha vous a appris qui était réellement votre père, vous aviez quel âge ?

— Vingt-et-un ans. Elle me l'a dit simplement, sans se chercher d'excuses. Elle s'est d'abord excusée pour m'avoir menti pendant si longtemps, elle espérait que je lui pardonnerais. Elle a sorti une petite photo de son sac et m'a montré un jeune homme souriant qui tenait un beau labrador entre ses jambes. Je crois qu'il s'appelait Rusty, apparemment mon père l'adorait. Son visage me semblait familier, et elle m'a dit : « C'est ton père ». Je me suis d'abord demandé pourquoi elle ne m'avait jamais montré cette photo avant. Elle m'avait toujours dit qu'elle n'en avait aucune, et c'était pour moi une grande frustration. Je me suis donc imprégné de cette image avant de la lui rendre, et j'ai vu qu'elle pleurait. C'est à ce moment-là qu'elle m'a vraiment demandé pardon. Elle m'a dit que mon père était bien vivant et qu'il ne savait pas que j'existais. Je n'ai pas su quoi répondre, c'est comme si toute une part de moi s'effondrait et, en même temps, un immense espoir se réveillait.

— Ça aussi, je l'ai connue… cette sensation…

Papa a l'air vraiment bouleversé, mais il s'excuse encore en faisant signe à Arthur de continuer.

— Je n'arrivais même pas à lui poser de questions, tant j'étais abasourdi par ce qu'elle venait de me révéler.

— Comme si on vous donnait une clé pour ouvrir une porte dont vous ignoriez jusque-là l'existence…

— Oui ! C'est exactement ça.

On dirait que papa et Arthur sont seuls au monde. Ils discutent entre eux et nous sommes les spectateurs. Ça ne me dérange pas. J'ai fini ma glace et posé ma cuillère collante sur la nappe. Je suis un peu fatiguée, et j'ai envie de me dégourdir les jambes, mais je préfère rester pour écouter la suite. Quand est-ce que John et Arthur ont fini par se rencontrer ?

— Ma mère a passé plusieurs heures à me raconter sa rencontre et son histoire avec John, leur coup de foudre et tous leurs empêchements. Elle m'a décrit au mieux le jeune homme qu'il était, et l'homme qu'elle venait de revoir avant de l'abandonner à nouveau. Il était hors de question pour elle de renouer avec lui. Elle ne voulait pas trahir son mari qu'elle aimait, celui qui l'avait soutenue durant toutes ces années, qui m'avait élevé… J'ai compris qu'il s'agissait d'un gros sacrifice pour elle. Revoir John lui avait fait comprendre que leur amour n'était pas mort, que ce qu'ils avaient vécu était unique, et que ni lui ni elle n'avaient jamais vécu ça avec une autre personne. Elle a fait une sorte de dépression après cet épisode. De mon côté, au début, j'ai fait comme si tout ça ne changeait rien. Ma vie continuait, je poursuivais mes études d'architecture, je sortais, je rencontrais des filles, tout allait bien. Puisque ma mère avait rayé mon père de la carte, je ne voyais pas l'intérêt de l'intégrer à ma vie. Et puis, sa demande n'était pas claire : elle m'avait donné ses coordonnées et me laissait le choix de le contacter ou non, mais, en même temps, elle m'interdisait d'en parler à qui que ce soit. Trop compliqué pour le très jeune homme que j'étais à l'époque. Je me sentais tiraillé entre une forme de loyauté que je devais à mon beau-père, à ma mère, à mes grands-parents… et une curiosité pour cet homme dont je portais les gènes et qui vivait à des centaines de kilomètres de chez moi. Et en même temps, maintenant, il savait que j'existais… Ma mère ne lui avait pas laissé ses coordonnées, mais je me disais peut-être inconsciemment que c'était à lui de venir vers moi, je ne sais pas… Bref, on a perdu beaucoup de temps comme ça, à tourner autour du pot. Plusieurs années. Plusieurs dizaines d'années, même.

Je vois les yeux s'arrondir autour de la table. On était tous persuadés qu'Arthur avait retrouvé John depuis longtemps. Pas tant que ça, en fait.

— Ma mère est morte le jour de mes quarante ans, et j'ai eu comme un déclic. Si je ne faisais rien, ma vie entière s'écoulerait et j'aurais toujours ce regret de n'avoir jamais connu mon père. En faisant le tri dans ses affaires, j'ai retrouvé plusieurs lettres de John. Ils correspondaient tous les deux, elle lui envoyait des photos de moi, lui donnait de mes nouvelles, et il se réjouissait de mes succès, de mon avancée dans la vie. Je ne sais pas pourquoi on en est tous restés là. C'est une longue série d'actes manqués, cette histoire. Le problème est que, lorsque j'ai essayé de contacter John, il n'habitait plus à Cookstown depuis longtemps, ni même en Irlande probablement. Toutes mes recherches ont échoué. J'ai laissé tomber, ça me demandait trop d'énergie, j'en avais marre d'être déçu. Et puis, un jour, il y a une dizaine d'années environ, j'ai reçu une lettre étrange. Une jeune Française qui me demandait si je connaissais un certain John O'Sullivan, dont la date de naissance coïncidait avec celle de mon père. Je l'ai immédiatement contactée, elle paraissait si heureuse de m'avoir retrouvé. Au début, j'ai même pensé qu'il s'agissait de ma demi-sœur.

Arthur s'arrête de parler, et tout le monde regarde papa, qui est devenu très pâle. Laurent se lève et lui pose une main sur l'épaule.

— Ça va, mon vieux ?

— Oui, oui, bien sûr. C'est juste que je n'étais pas au courant de… de l'intervention d'Emma dans tout ça.

— Ça alors, vous la connaissez ?

— Oui. Cette petite cachotière, elle ne m'a jamais raconté le rôle qu'elle avait réellement joué là-dedans…

— Vous savez, c'est plutôt John qui était cachotier, je crois. C'est lui qui a dû lui demander de ne rien dire à personne. J'aimerais tant la rencontrer, c'est grâce à elle si j'ai retrouvé mon père…

Victor lui coupe la parole.

— Ce n'est pas qu'on surveillait John, mais il ne m'a pas semblé vous voir chez lui. On habite tous au même endroit depuis des années, vous savez…

— Donc, vous savez que chaque année, John effectuait une cure thermale de trois semaines à la Bourboule, pour ses poumons ?

— Oui. Quel rapport ?

— On s'y retrouvait. Moi aussi, j'ai un peu trop fumé dans ma vie, alors plutôt que de faire ma cure en Allemagne, je la faisais en même temps que lui, au même endroit, et on passait des heures ensemble, à tenter de rattraper le temps perdu. En terrain neutre… C'est ce que John voulait, il disait qu'il était bien trop tard pour que l'on rentre chacun dans la vie l'un de l'autre, que c'était ridicule, deux vieux bonhommes comme nous en train de larmoyer sur des retrouvailles tardives… Vous le connaissiez, hein ?

On éclate de rire. C'est bien du John tout craché, ça. Papa dit qu'il avait la pudeur des grands hommes. Arthur est d'accord, et rajoute qu'il s'est bien marré avec lui chaque année, pendant toutes ces semaines de cure. Il a découvert une facette de ce père inconnu qu'il n'aurait jamais imaginée. Un homme simple, bourru et profondément gentil sous ses dehors piquants.

— Rassurez-moi, Arthur, il a traumatisé aussi le personnel là-bas ?

— Oh oui ! Personne ne voulait s'occuper de lui quand on arrivait. Vous l'imaginez dans un bain de boue ou sous les jets hydromassants ?

Nouveau fou rire autour de la table. Je suis sûre que John est super content de nous voir comme ça, en train de rigoler à cause de ses bêtises.

Mon papi John n'a pas seulement eu une belle mort, il a aussi eu un bel enterrement.

5

En rentrant à la maison, on est tous un peu sonnés. En plus, les grands ont bu pas mal d'alcool. Victor dit en rigolant qu'ils ont rendu un bel hommage à John, mais que, du coup, demain, ils auront une barre derrière la nuque. Je ne vois pas le rapport, mais ils sont tous d'accord.

Arthur et sa femme vont dormir à l'hôtel, ils nous disent qu'ils reviendront demain pour commencer à vider l'appartement de John. Papa dit que je ne suis pas obligée d'aller à l'école, vu qu'on ne fait plus rien en classe, et j'aimerais en profiter pour passer un peu de temps avec Sabrina et tous mes cousins. On s'amuse bien ensemble, c'est comme chez moi là-bas, ils vivent tous les uns chez les autres et ils s'aident pour le quotidien. Ma préférée, c'est ma cousine Lola. Elle est jeune, mais elle se comporte comme une vraie maman avec moi, je l'aime énormément.

Mon papi Johnny aussi est rigolo, il aime bien quand je viens les voir, il me dit souvent que je suis un vrai miracle. Ma famille gitane adore les miracles, alors que papa n'y croit pas du tout.

Le lendemain midi, quand j'arrive chez Sabrina, j'entends les cris des petits avant même d'ouvrir le portillon. Elle a installé une piscine à boudins en plastique bleu dans son mini-jardin, et tous les gosses s'en donnent à cœur joie. Quand ils me voient, ils m'attrapent par les bras et les jambes et me font tomber dans l'eau avant que j'aie le temps de réagir. Il fait si chaud que je ne leur en veux pas, au contraire, je reste dans la piscine tout habillée et j'éclabousse tout le monde en hurlant. C'est ça que j'aime ici, on a l'impression qu'il n'y a jamais de limites, en tout cas pas comme à la maison. Je ne pense pas que ça me plairait tous les jours, mais une fois de temps en temps, qu'est-ce que ça fait du bien !

Sabrina gronde les enfants pour la forme, mais ses yeux rigolent aussi. Elle me demande si je veux une part de gâteau et n'attend pas ma réponse pour me le fourrer dans les mains. À la maison, je ne mange pas de sucre avant le repas, même les perruches sont strictes avec ça, alors j'en profite, je prends même une deuxième part. Je suis trempée, mais ce n'est pas grave. Son jardin est autant en fouillis que sa maison, et tout le monde a l'air de s'en fiche, elle la première. Du moment qu'on a tous à manger et à boire et qu'on s'amuse, tout va bien. Une musique gipsy couvre nos voix, les fillettes commencent à se trémousser et j'essaie de les imiter, comme d'habitude. Elles m'encouragent et se moquent gentiment de moi, c'est pas facile ! Mais j'y arrive de mieux en mieux. D'ailleurs, Sabrina m'a cousu une vraie robe flamenco rouge et noir avec de la dentelle, elle est trop belle, j'ai hâte de la mettre pour les prochaines fêtes.

Je suis la seule blonde, ils ont tous les yeux et les cheveux très noirs et ils adorent me dire que j'ai mis le feu à mes cheveux. Je sais bien que ce n'est pas courant, ma couleur de cheveux. Depuis que je suis toute petite, on me le fait remarquer, et je suis toujours la seule dans ma classe à avoir les cheveux aussi clairs. Je tiens ça de maman. En tout cas, ça ne m'empêche pas de faire partie de la famille de papa. Lui, par contre, il leur ressemble un peu plus, surtout à papi Johnny. C'est normal, c'est son père.

Je sais pourquoi l'histoire d'Arthur a autant ému papa. C'est parce qu'il a vécu un peu la même chose. Il a cru qu'il n'avait pas de père, enfin pas un vrai, et puis, un jour, il a appris que si. C'est compliqué, cette histoire. Depuis que je suis petite, papa m'a toujours dit la vérité, même s'il y a certaines parties qu'il m'expliquera mieux quand je serai un peu plus grande.

En fait, mon papa n'a pas grandi avec ses parents. Sa maman est morte quand il était tout petit et ça, c'est super triste. Elle était magnifique, ma grand-mère, j'ai vu ses photos, on aurait dit une actrice de cinéma de l'ancien temps. Là où ça se complique, c'est que mon grand-père était en prison quand papa était petit, du coup ils n'ont pas pu se connaître, un peu comme Arthur avec John, sauf que là, papa pensait que Johnny avait fait quelque chose de très très grave. C'est ça que papa doit m'expliquer plus tard, mais, en fait, il a appris que ce n'était pas de sa faute et, encore une fois, grâce à maman, tout s'est arrangé. De toute façon, quand je vois papi Johnny aujourd'hui, c'est difficile de penser qu'il a été un jour en prison. C'est un vieux monsieur fatigué qui s'énerve un peu facilement, mais on voit qu'il adore sa famille. Il est très patient avec les enfants, même les bébés, et moi, il m'a toujours traitée comme une vraie princesse.

Quand je rentre à la maison le soir, je suis crevée. Trop d'émotions selon papa, mais je crois qu'il dit ça un peu pour lui aussi. En plus, notre Gary n'est vraiment pas en forme avec cette grosse chaleur, et je me fais beaucoup de souci pour lui. Il dort tout le temps et, quand il se réveille, il nous regarde avec un petit air malheureux, comme s'il espérait qu'on le sorte de là.

J'aimerais tant qu'il aille mieux, qu'il guérisse miraculeusement. Mais il n'est pas malade, ma luciole, m'a dit papa, il est juste vieux. C'est la vie, et justement, notre Gary, il a eu une belle vie de chien. Tu te souviens que c'est un peu grâce à lui si ta mère et moi on est tombés amoureux ?

Je lui vaporise de l'eau sur la truffe. Il éternue et pose sa tête sur mes genoux. Je caresse ses oreilles si douces, je lui parle à voix basse, je lui fais des petits bisous. Il soupire, il a l'air bien. Alors je dis à papa que je veux rester là avec lui, toute la nuit s'il le faut. Je pensais que papa allait se fâcher, mais il me dit d'accord, et il s'installe à côté de moi sur le carrelage frais. Gary nous regarde tous les deux, il cligne des yeux comme pour nous remercier et puis il repose sa tête sur mes genoux.

On est bien là, tous les trois. Pour une fois, la rue est calme, on entend même quelques grillons. La nuit tombe très tard en été, aussi quand il commence à faire vraiment sombre, papa me demande si je suis sûre de vouloir rester là jusqu'à demain et, si c'est le cas, il ira me chercher une petite couette pour m'enrouler dedans. Je dis oui, parce que le carrelage commence à me faire mal aux fesses. Papa part fumer une cigarette sur le balcon en regardant les étoiles, et puis il revient. Il m'effleure la joue avec sa main et l'odeur de tabac me rassure. Je la connais si bien.

Gary s'est rendormi profondément, sa tête pèse lourd maintenant sur mes genoux. Il ne se réveille même pas quand je m'allonge à ses côtés. Je me cale le plus près possible de lui, j'écoute son souffle de vieux chien fatigué. De temps en temps, il tremble un peu et ses yeux frémissent comme s'il allait les ouvrir, mais il s'immobilise et se calme. Je me demande bien à quoi il peut rêver : à de grandes prairies, à une plage en hiver où il pourrait courir à fond la caisse sans avoir mal nulle part, comme quand on était petits, tous les deux ? C'est toujours lui qui gagnait, et papa riait en envoyant son bâton le plus loin possible, pour bien le fatiguer, disait-il. On ne ferait plus ça aujourd'hui, au contraire, on essaie de préserver ses forces au maximum. Une fois, sans faire exprès, papa avait envoyé le bâton juste à côté d'une grosse dame qui prenait le soleil sur sa serviette, tout habillée. Gary a mal dosé sa force et il lui a presque grimpé dessus en dérapant sur le sable. La grosse dame a hurlé, je crois qu'elle s'était endormie et c'était un drôle de réveil. Elle était très en colère. Gary est vite revenu vers nous, les oreilles en arrière et son bâton dans la gueule, il avait eu aussi peur qu'elle. Avec papa, on en a ri jusqu'au retour à la maison.

Des souvenirs comme ça, j'en ai des tonnes avec mon Gary. C'est encore pire pour papa, qui le prenait avec lui tous les jours au magasin. Même ses clients, et surtout ses amis commerçants, étaient habitués à lui. Ils demandent de ses nouvelles tout le temps.

Je finis par m'assoupir dans la pénombre de l'appartement. Papa a laissé la fenêtre ouverte, et la lumière du lampadaire fait des ombres sur les murs. La chaleur de Gary me rassure, et puis je devine la silhouette de papa endormi dans son fauteuil, à quelques mètres de nous. Je rêve beaucoup cette nuit-là, maman me dit de ne pas m'en faire et la douceur de son baiser sur ma joue me réveille. Je suis trempée de larmes et je frissonne. Je me rends compte que Gary ne me réchauffe plus. Je pousse un gémissement et papa se lève aussitôt. En une seconde, il est auprès de moi et me prend dans ses bras. Je sanglote comme si je n'allais jamais m'arrêter de pleurer.

— Ça va aller, ma luciole, ça va aller… Tu sais quoi ? Je crois que le paradis des chiens est au même endroit que celui des humains. Y en a qui vont bien s'amuser, là-haut.

6

Décidément, l'année de mes dix ans, je m'en souviendrai. Perdre John et Gary presque en même temps, c'est une sacrée épreuve, comme dit papa. Je ne dis pas que les animaux, c'est aussi important que les humains, mais, depuis que Gary est mort, je me sens encore plus triste, et ça ne passe pas.

Papa me surveille et dit qu'il va m'emmener chez mes autres grands-parents à Valenciennes, que ça me changera les idées, mais moi, je préférerais rester ici pour l'instant. J'ai l'impression que, si je pars, je vais perdre encore plus John et Gary. Je les aime bien, les parents de maman, surtout mon papi Michel, qui est assez drôle, mais on ne se connaît pas tant que ça. Et puis, c'est triste chez eux, il n'y a pas d'autres enfants, c'est une grande maison isolée au fond d'un parc. Moi qui suis habituée à la vie communautaire, je trouve ça un peu ennuyeux de vivre comme ça, sans jamais voir personne. Une vraie petite gitane, rigole mon père.

N'empêche, au moins, chez mes cousins, on s'amuse, ça bouge tous les jours. Bon, c'est vrai que, si je restais tout le temps avec eux, ça serait un peu fatigant. Il m'arrive de passer deux ou trois jours d'affilée chez Sabrina ou chez Lola et, quand je reviens, papa se moque de moi parce que je n'arrête pas de bâiller et que je veux me coucher avec les poules, comme il dit.

Ils font tout le temps la fête le soir, et on se couche si tard que j'ai du sommeil en retard quand je rentre.

Mes amies Inès et Lulu sont parties en vacances dans leur famille, papa doit travailler tout l'été parce qu'il dit que c'est la meilleure saison pour les touristes, et moi, je tourne en rond à la maison. Je ne suis pas seule, bien sûr. Dès que je me réveille, je file prendre mon petit déjeuner à la boulangerie, et si je tarde un peu à venir, Victor ou Laurent viennent me chercher en me traitant de petite feignasse. Ils me font plein de chatouilles et m'obligent à me lever, on s'amuse bien. Ensuite, soit je les aide à servir les clients – j'adore faire ça, j'ai l'impression d'être une grande, et je me sens très importante parce qu'ils me font confiance –, soit je vais voir Mireille, ou Rosalie si elle est partie faire son marché. Je les adore toutes les deux, mais j'avoue que je préfère passer du temps avec Mireille, « comme ta mère », m'a-t-elle dit un jour à l'oreille. N'empêche, j'ai vraiment de la chance. J'ai trois papis – même s'il y en a un qui est mort, il est toujours dans mon cœur, donc je le compte quand même –, trois mamies, presque deux parrains parce que si Victor est le vrai, Laurent c'est la rustine, le parrain de rechange quoi, mais lui aussi il compte comme un vrai, et j'ai des tonnes d'oncles et tantes, de cousins et même de neveux et nièces. C'est une grande famille.

Ma maman, c'est autre chose.
Je vous en parlerai plus tard.

QUATRIÈME PARTIE

Alex

1

Oui, me revoilà. Il fallait bien que je reprenne un peu la main, quand même. C'est moi, à la base, qui ai eu envie de vous raconter cette histoire. Mon histoire.

Cela m'a semblé vraiment important de laisser la parole aux deux amours de ma vie, sans qui rien de tout cela n'aurait existé. Mais, maintenant, c'est à moi de vous éclairer un peu. Je suis sûr que vous vous posez plein de questions.

En revanche, je vous avertis tout de suite, il n'y a pas de morale à cette histoire, pas de miracle non plus – Agathe vous a dit que je n'y croyais pas, elle a raison –, pas de bons ni de méchants. Il y a la vie, et ce qu'on a décidé d'en faire, Emma et moi. Et tous les autres.

Et la vie, elle nous a fait un cadeau magnifique. Elle nous a offert un répit. Un répit qui a permis à d'autres vies de se déployer, de se découvrir et d'éclore. Voilà le secret.

J'aurais pu commencer tout ça en vous disant que les dés étaient pourris dès le départ, et que ça finirait forcément mal pour moi, pour nous. J'ai failli le faire d'ailleurs, je crois même que mon récit a un peu glissé sur cette pente-là, par moments. Si, vous savez, ces moments où même vous, vous avez pensé que je n'avais vraiment pas de bol, tout de même.

On peut vivre toute sa vie comme ça, en se disant qu'on est poisseux, qu'on n'a sa place nulle part, que les autres ont tellement plus de chance que nous. Ou bien on peut se battre, mais ce n'est pas tellement plus excitant. Franchement, on glorifie la lutte, le combat, mais qui veut vivre comme ça ? Pas moi, en tout cas. Pas nous.

Alors, quand Emma m'a enfin confié ce qui la hantait, ce fameux soir de décembre, lorsqu'elle était enceinte d'Agathe, on a pris une décision.

Oui, ce qui nous arrivait était terrible, mais on ne voulait ni se lamenter ni se débattre. Comme si on était pris dans des sables mouvants, vous savez ? Il paraît que plus on résiste, plus on se débat, plus vite on s'enfonce. On a juste constaté qu'on y était, dans ces putains de sables mouvants, mais on ne s'y est pas enfoncés. On a simplement saisi toutes les mains qui se tendaient vers nous, et on les a attrapées. Bien fort.

Et ça a marché.

2

Quand Emma m'a invité à m'asseoir auprès d'elle dans le lit et m'a demandé si j'étais prêt à entendre ce qu'elle avait à me dire, pour être honnête, je m'attendais un peu à ce qu'elle m'annonce une maladie psychiatrique ou un truc du genre. Ça m'aurait effrayé, mais pas autant que ce qu'elle m'a réellement annoncé.

Emma m'avait déjà dit qu'elle avait eu une enfance compliquée, qu'elle avait passé beaucoup de temps à l'hôpital, mais sans jamais vraiment rentrer dans les détails et, comme je n'y connais rien, je ne lui ai pas posé plus de questions. Entre nous, il y avait une sorte d'accord tacite : la curiosité était tolérée, mais pas l'intrusion. C'est pour ça qu'Emma rongeait son frein pour l'histoire de mon père, ça la rendait dingue que j'en parle aussi peu, je le sais. Mais je n'y arrivais pas, et elle le respectait, la plupart du temps. Bon, elle a quand même enfreint pas mal de règles derrière mon dos, mais, vu le résultat, je ne vais pas lui donner tort.

Emma a donc commencé par me rappeler cette foutue maladie qui lui avait empoisonné une bonne partie de son enfance. Elle a employé des mots qui font peur à tout le monde : tumeur, cancer du cerveau, gliome… Celui-là, je ne le connaissais pas, alors elle m'a expliqué qu'il s'agissait d'une des pires, une saleté, l'ordure des tumeurs, celles qui s'incrustent et qui essaient de s'infiltrer partout, même quand on les opère. C'est pour ça que l'espérance de vie des enfants qui en sont atteints est si faible. À l'époque, les médecins l'avaient clairement condamnée. La détresse de ses parents a été à la mesure de cette annonce, surtout pour sa mère, qui était un peu fragile. C'est grâce à son père si elle a tenu bon, si elle a survécu. C'est ce qu'elle m'a dit en tout cas. Malgré son angoisse profonde, il a toujours réussi à maintenir entre eux une complicité si forte qu'elle ne s'est jamais sentie seule dans la maladie. Sa vie d'enfant insouciante et ses copines lui manquaient bien sûr, surtout lorsqu'elle devait passer de longs mois à l'isolement en chambre stérile, mais son père était là, fort et rassurant, présent. Il ne s'est jamais effondré tant qu'elle avait besoin de lui.

— Je suis certaine que tu seras ce genre de père là.

Quand Emma m'a lancé cette phrase, ses beaux yeux plantés dans les miens, j'ai senti que je n'avais pas intérêt à la décevoir ni à la contredire. Ce qu'elle a rajouté m'a en revanche brisé le cœur.

— C'est important, Alex. Parce que moi, je ne serai peut-être pas là pour voir grandir notre luciole. J'ai pris un gros risque avec cette grossesse. Je l'assume complètement et je ne veux en aucun cas que tu te sentes responsable. C'est pour ça que j'ai un peu vrillé ces dernières semaines, parce que je n'étais pas totalement sûre de faire les bons choix, et puis j'étais terriblement angoissée.

Ensuite, elle a posé sa main sur ma joue tendrement, comme si j'étais un enfant qu'elle devait rassurer après un cauchemar. Je ne disais rien, j'étais comme tétanisé par ses paroles.

— Le gliome de merde qui m'a pourri la vie n'est jamais totalement parti de ma tête. Ils m'ont opérée trois fois, et, lors de la dernière opération, le chirurgien a expliqué à mes parents que, si ça récidivait encore, il ne pourrait plus rien faire. La racine de la tumeur était trop profonde, trop mal logée pour qu'il se risque encore à intervenir. Il leur a dit qu'il valait mieux partir sur des chimios intensives en espérant que toutes les cellules cancéreuses restantes finissent par crever. C'est ce qu'on a fait, et que je ne veux plus jamais revivre. Ça a été un enfer. Vraiment. Je préférerais mourir plutôt que devoir revivre ça, et je parle en connaissance de cause. Le truc, c'est que l'oncologue a prévenu mes parents : en théorie, tous ces traitements de cheval allaient me rendre stérile, et tant mieux parce que, dans 80% des cas, la grossesse provoque une récidive des tumeurs dormantes. En gros, tomber enceinte pour moi, c'était soit impossible soit interdit.

— Pourquoi tu ne m'as pas dit tout ça avant ? Putain, Emma !

Je me suis levé brusquement du lit, j'ai tourné comme un lion en cage dans la chambre en retenant mes larmes. Gary m'observait d'un air consterné, roulé en boule dans un coin. Pour une fois, il se faisait le plus discret possible.

Emma avait l'air de s'attendre à ce genre de réaction. Elle a attendu que je me calme un peu et m'a intimé l'ordre de me rasseoir auprès d'elle. J'ai obéi.

— Toute ma vie, j'ai vécu avec une menace au-dessus de ma tête. J'ai grandi dans un climat de maladie, d'odeurs d'hôpital, dans lequel la douleur faisait partie du quotidien. J'ai vu les enfants avec qui je jouais dans la salle de jeux du service mourir du jour au lendemain. Quand je t'ai rencontré, j'étais enfin sortie de tout ça. Si je ne t'en parlais pas, je pouvais même penser que j'étais normale, que tout allait parfaitement bien dans ma vie. C'était vrai, enfin presque. J'ai fait mentir les statistiques, tu sais. Mon père me disait que j'étais sa petite guerrière, et j'adorais cette image forte. Les médecins s'attendaient à ce que je ne fête jamais ma sixième année. J'ai réussi à faire quatre fois plus ! C'est bien, non ?

Là, elle a un peu craqué. Ce fut à mon tour de la prendre dans mes bras et de la consoler. Je lui ai dit qu'elle était ma guerrière à moi aussi et que, quelle que soit la bête immonde qui se cachait derrière son front, on allait la traquer et la pourfendre en deux. Elle a souri tristement.

— Je te l'ai dit, Alex. Je ne revivrai pas ça, pas la chimio. Surtout maintenant, ça tuerait à coup sûr le fœtus.

— Mais tu n'es pas malade ? Emma… dis-le-moi.

— …

— Tu es malade ?

— Je ne sais pas. J'ai quelques symptômes.

— Tu es allée voir un médecin spécialisé ? Tu l'as dit au gynéco, au moins ?

— Non. J'espérais simplement faire partie des 20% qui n'ont pas de récidive.

Elle a chuchoté ces mots comme si elle avait honte. Et là, toute ma colère est retombée. Je l'ai serrée fort contre moi et je l'ai remerciée d'avoir vécu jusque-là, d'avoir tenu bon, de m'avoir permis de la rencontrer. D'avoir eu cet honneur.

Je lui ai dit que j'étais avec elle, qu'on verrait bien. J'ai respecté son désir de ne plus jamais subir tous ces traitements qui l'avaient traumatisée étant enfant, qui lui avaient donné l'impression de mourir tout en étant vivante. Je lui ai promis qu'on ne partirait pas au combat. On aime trop la paix, tous les deux.

Elle a éclaté de rire et fondu en larmes en même temps. Elle savait que je la comprendrais, mais pas aussi vite, pas aussi bien. Elle m'a dit des choses qui nous auraient fait sourire en temps normal, je me serais moqué d'elle en la traitant de cucul la praline, surtout quand elle a parlé d'âme sœur. Mais franchement, ça sonnait tellement juste que je l'ai juste serrée encore plus fort jusqu'à ce qu'elle me demande de la lâcher parce qu'elle ne pouvait plus respirer.

Gary s'est remis debout en frétillant et en remuant la queue, rassuré de voir son petit univers redevenir normal, et, exceptionnellement, il a eu le droit de monter sur le lit pour un câlin collectif.

Bon, le lendemain, on n'était plus du tout euphoriques, surtout moi. Une nuit passée là-dessus m'a quand même fait réaliser qu'elle venait peut-être de m'annoncer sa mort prochaine, et qu'en plus, je cautionnais le fait qu'elle refuse de se soigner. Elle a cru bon de me préciser entre deux tartines que le taux de décès était si élevé en cas de récidive d'un gliome malin pour cause hormonale qu'elle était certaine de prendre la bonne décision.

— Je vais tout faire tout pour mener ma grossesse à terme, mais si ça devait partir en cacahuète avant la fin, promets-moi qu'on me laissera branchée le temps de la gestation, hein, qu'au moins mon utérus serve à quelque chose. Je ne veux pas que notre fille finisse de grandir dans une couveuse.

— C'est un peu morbide comme conversation au petit-déj, nan ? Tu veux pas me laisser boire un café ou deux avant de passer aux détails ? Tant que tu y es, dis-moi de quelles couleurs devront être les fleurs à ton enterrement ?

Je l'ai provoquée, un peu par cynisme et un peu parce qu'elle adore ça en temps normal, et je voulais voir jusqu'où allait sa détermination. Est-ce qu'on allait vraiment pouvoir se confronter à ça ?

Elle a éclaté de rire. À partir de ce moment-là, on a réussi à plaisanter au sujet de sa maladie, on a traité cette dernière comme une vieille intruse, une voisine impolie, une clodo qui s'incrusterait chez nous et qu'il fallait virer à coups de pied, bref vous avez compris, on ne l'a pas prise au sérieux. Et ça nous a sauvés.

Notre impertinence n'a eu d'égale que notre élégance. Celle de savoir rire au milieu d'un champ de ruines.

3

L'autre dossier dont je voulais vous parler, c'est mon père. Vous avez vu ? Je n'ai pas dit Johnny. Bon, on ne va pas se mentir, je ne l'ai encore jamais appelé papa, et ça m'étonnerait que ça arrive un jour, faut pas exagérer non plus. Mais ça y est, il fait partie de ma vie, de notre vie.

Je ne sais pas si on peut parler de retrouvailles. Retrouver quelqu'un, c'est avant tout l'avoir perdu, non ? Moi, je n'ai jamais considéré que j'avais perdu mon père, puisque, toute ma vie, je me suis efforcé de faire comme s'il n'existait pas. Rayé de la carte, des photos, de ma mémoire.

Peut-être que le petit garçon au fond de moi a estimé qu'il retrouvait son père. L'adulte, je ne sais pas. Je ne le saurai sans doute jamais.

J'aime bien Johnny. Il est à des kilomètres de l'homme que j'imaginais, entre sombre petite frappe et mec violent, misogyne et détestable. C'est un gars tranquille, un peu taiseux. Pacifique, et même tendre avec les gosses. Vous imaginez ? Vous vous souvenez du portrait que je vous avais brossé de lui au début de cette histoire, comme on en est loin ?

Malgré toutes mes réticences, Emma a forcé les barrages, une fois de plus. Elle a fouiné dans mon passé familial et déterré le plus grand secret de mon existence. Suite à cette révélation, je suis resté fâché durant plusieurs mois avec Sabrina. Je lui en voulais à mort de m'avoir caché cet élément fondateur de mon existence, au prix de leur tranquillité d'esprit. Elle a eu beau m'expliquer que c'était leur mère qui avait œuvré derrière tout ça, qu'ils étaient tous soumis à son autorité et qu'elle se mettait déjà en danger en restant en contact avec moi, j'ai mis du temps à lui pardonner. Cette grand-mère horrible est morte il y a quelques années, sans cela jamais Sabrina ne se serait permis de révéler à Emma le nom du vrai meurtrier d'Adeline. Je n'ai pas voulu connaître les détails de cette histoire sordide qui remuait tant de vieilles douleurs en moi, je sais seulement que Manolo était le fils préféré de la vieille et que, selon elle, le malheur dans leur famille était arrivé à cause de mon père, qui avait osé lui ramener une gadji. C'était donc lui qui devait payer. Peu lui importait l'identité du responsable, elle appliquait sa propre justice.

Lorsqu'Emma m'a informé de ses démarches, avec beaucoup de précautions, elle pressentait un tsunami. Elle avait raison. Les mois qui ont suivi ont été chaotiques, et pas seulement en raison de sa grossesse compliquée.

Une fois l'orage passé et mes ressentiments envers Sabrina apaisés, j'ai commencé à envisager de rencontrer ce père indigne qui n'avait pas su me protéger, certes, mais qui, d'une certaine manière, était lui aussi victime de la machination familiale. Entraîné par la violence de ce frère ignoble, il a eu la faiblesse d'y succomber et de s'abaisser à dénigrer tout l'amour qu'il avait eu pour ma mère, par fierté, orgueil, virilité mal placée. Il regrette profondément aujourd'hui de n'avoir pas su s'imposer, de n'avoir pas écouté ma mère qui voulait fuir. Je comprends mieux pourquoi, maintenant. Il n'a pas su rompre avec ses origines, avec cette identité communautaire si forte qu'elle a fini par le briser aussi.

Manolo a fui en Espagne, puis au Maroc pour n'être pas inquiété par la justice française au cas où l'enquête le mettrait en cause si un témoin, ou même Johnny, revenait sur ses aveux. Il n'est jamais revenu. Personne n'en parle et nul ne semble avoir envie de savoir ce qu'il est devenu, surtout pas Sabrina.

Ils se sont tous reconstruits tant bien que mal, à coups de guitares, de chants gipsy et de faux-semblants. Ils ont fait leur vie, j'ai fait la mienne.

Au départ, je ne voulais pas renouer avec eux, c'était trop compliqué, trop ancien. Et puis, ma fille est née.

La naissance d'Agathe a tout bouleversé.

4

15 novembre 2003

— Je vais pas y arriver.

— Bien sûr que si. Allez, mon pote, on est tous avec toi.

— Pourquoi je m'inflige ça, franchement ? Remuer le passé…

— Pour ta fille. Et pour Emma.

C'est l'argument définitif.

Je renâcle au dernier moment, je cherche un moyen ultime d'éviter la confrontation. Rencontrer mon père, affronter mes origines gitanes, nouer un lien avec cette partie de moi qui me fait si peur. Malgré les révélations qui m'ont été faites, je suis comme un cheval qui refuse l'obstacle. Heureusement que Victor est avec moi. Je lui ai demandé de m'accompagner, comme un frère. Il porte le cosy d'Agathe, et le contraste entre ses gros bras tatoués et les mains minuscules de ma fille qui s'agitent en essayant d'attraper sa tétine est saisissant. J'ai hésité à l'emmener, mais au fond, c'est elle qui donne sens à tout ce qui m'arrive, alors autant assumer ma démarche.

On a convenu de se retrouver chez Sabrina en début d'après-midi. Johnny nous y attend. Depuis la naissance d'Agathe, Sabrina m'aide énormément. Elle s'est investie auprès de ma fille presque comme si c'était la sienne. Je la taquine en lui disant que, si elle avait encore du lait, elle lui donnerait le sein ! Je suis soulagé de l'avoir retrouvée comme avant. Notre brouille momentanée m'a profondément dérouté. Je n'avais déjà pas trop de piliers, alors en perdre un comme celui-là, c'était dur. Heureusement qu'Emma a su jouer les médiatrices dans toute cette histoire. Ne vous impatientez pas, je vous parlerai d'elle aussi. Évidemment. Pour l'instant, concentrons-nous plutôt sur ces fameuses retrouvailles.

Dès qu'elle a compris que j'avais entrouvert une porte, Sabrina s'y est engouffrée. Elle m'a longuement brossé le portrait de mon père, me relatant les années grises de son emprisonnement, puis sa grosse dépression au retour dans la communauté, son effacement progressif jusqu'à se faire oublier de tous. Lorsque je lui ai demandé s'il parlait de moi, Sabrina a secoué négativement la tête. Il était comme brisé, m'a-t-elle dit, il n'évoquait jamais le passé, tout était devenu tabou. Une seule fois, elle s'est risquée à lui dire que son fils avait bien grandi, et qu'il serait fier de voir à quel point il était beau. Il s'est mis dans une colère noire et lui a interdit d'en reparler. Elle s'est donc bien gardée de lui avouer qu'elle me cajolait en secret depuis plusieurs années… La colère de mon père masquait sa détresse, ses regrets, sa lâcheté aussi. Je ne peux pas m'empêcher de penser qu'il aurait dû se battre un peu plus pour moi, quitte à se prendre des revers.

C'est à la mort de sa mère que mon père a commencé à changer. Un peu plus ouvert, moins taciturne. Un beau jour, il s'est enfin confié à Sabrina. Il lui a dit ses regrets, sa tristesse de n'avoir jamais connu son fils, sa culpabilité de n'avoir pas su protéger son amour de jeunesse. Encouragée par ses confidences, Sabrina est à son tour passée aux aveux et lui a raconté à quel point nous étions proches, elle et moi. À partir de là, Johnny s'est montré insatiable. Il a voulu tout savoir, tout connaître de ce fils inconnu. Elle lui a montré des photos de moi, des dessins, mes bulletins scolaires et il riait de constater que j'étais aussi nul que lui à l'école. Et puis il pleurait, aussi, quand elle lui disait que ce fils ne voulait pas entendre parler de lui. Il s'est résigné. Il comprenait.

Alors, quand ce jour est arrivé, ce jour froid et gris de novembre où il allait enfin faire la connaissance de son fils, et cerise sur le gâteau de sa petite-fille, autant vous dire qu'il n'en menait pas large. Et moi non plus.

Victor commence à s'impatienter, je le sens qui trépigne derrière moi.

— Allez, Alex, la petite va prendre froid. Ça fait au moins dix minutes qu'on fait le pied de grue devant ce portail.

— Je suis pas prêt.

— Mais si. Enfin, peut-être pas, mais de toute façon, tu ne le seras jamais. Ton histoire est dingue, qui pourrait l'être, à ta place ?

— Ouais.

— Allez, saute !

J'inspire un grand coup par le nez et je souffle par la bouche. Il fait si froid qu'un fin nuage de vapeur s'en échappe. Victor a raison, Agathe va attraper un rhume si je continue de tergiverser comme ça. Je lorgne vers le cosy, elle babille gentiment, engoncée dans sa doudoune rouge. Quelques mèches blondes s'échappent de son bonnet. Elle est si belle, ma fille. Elle ressemble tellement à sa mère, c'est fou.

J'attrape la poignée du cosy et Victor me l'abandonne avec un grand sourire. Ses yeux m'encouragent, il me donne une tape vigoureuse sur l'épaule et recule.

— Aller, mon pote, là, tu dois y aller tout seul. On se rejoint à la maison, ou à la boulangerie si j'y suis encore. Tu me raconteras tout ça.

— Ouais.

Je ne suis pas très loquace, j'ai le ventre et la gorge noués. Avant que j'aie eu le temps de sonner, la porte d'entrée s'ouvre sur la silhouette désormais un peu enrobée de Sabrina. Elle me sourit et s'élance à notre rencontre.

— Mais qu'est-ce que tu attends pour entrer, mon Alex, le dégel ? Allez, allez…

Elle sent mes réticences et me pousse gentiment à l'intérieur. Victor s'éclipse discrètement. On y est.

D'autorité, ma tante saisit le cosy à deux mains et me fait signe d'avancer. Je devine une silhouette massive assise dans le fauteuil du fond, près de la cheminée. Je m'arrête une nouvelle fois à l'entrée du salon et Sabrina m'encourage du regard, mais c'est un cri joyeux d'Agathe qui finit par me décider à bouger et regarder enfin ce père que je ne connais pas.

Ce sont ses yeux qui d'abord me transpercent, littéralement. On a les mêmes. Leur expression est si ardente, emplie de curiosité, de douleur et d'impatience, que notre échange dure un peu plus que prévu. De grosses larmes roulent sur les joues de mon père, et ça m'émeut. Je m'étais pourtant juré de ne rien laisser paraître, de le laisser parler, mais cet aveu me touche. Il a vraiment l'air sincère. Je me rapproche de lui, il se lève, mais retombe maladroitement au fond de son fauteuil, submergé par cette rencontre qui le cloue sur place, comme un vieux chien fatigué qui n'arriverait plus à sortir de son panier. Je me penche alors vers lui, attrape son bras et l'aide à se tenir debout.

Je l'ai tant haï, ce père inconnu, tant ignoré et craint à la fois, j'ai eu si peur de lui ressembler. Fantôme de mes années d'errance, que je tenais pour responsable de mon désert affectif et de l'absence béante d'amour maternel dans mon enfance massacrée, voilà que je l'aide simplement à s'extraire de son fauteuil, comme un fils attentionné qui accomplirait un geste banal, un geste du quotidien. Je le soutiens, je le plains un peu aussi, et une forme de tendresse bourrue commence à poindre là où ne se trouvaient que les cendres d'un ancien feu éteint depuis bien longtemps. Emma a tisonné et rallumé les braises, je suis forcé d'en convenir.

Le regard de Johnny s'échappe vers Agathe, qui gazouille de plus belle en tentant d'attirer notre attention. Sabrina la délivre de sa doudoune et la prend dans ses bras. À hauteur de visage, elle nous renvoie à tous la lumière éclatante de ses six mois triomphants. Elle tend une petite main potelée vers son grand-père qui s'en saisit, ému. Il rit. Nous rions tous, et je pense à toi, mon étoile, à toutes ces mains tendues vers nous. Putain, que ça fait du bien.

5

— Alors te voilà, fils.

Qu'est-ce que vous voulez répondre à ça ? Je pousse un petit soupir, esquisse un sourire en forme de oui, oui me voilà. Et puis je détourne son attention de moi en récupérant Agathe. J'ai un peu honte de l'avouer, mais je me cache alors derrière ma fille, comme pour me retrancher indirectement de cette confrontation trop frontale à mon goût.

Bon, vous n'allez pas me juger, hein, vous connaissez toute l'histoire et vous devez bien vous douter qu'on ne rattrape pas trente ans de malheur en un coup de baguette magique. Je vous avais prévenu que, dans cette histoire, il n'y aurait pas de miracle. Juste la vraie vie.

N'empêche que s'il n'y a pas de grandes effusions, entre ma fille d'un côté et mon père de l'autre, sous les yeux attendris de celle qui m'a servi de substitut de mère pendant toutes ces années de solitude, je ressens un truc vachement fort quand même, un truc qui ferait même penser à une forme d'enracinement. Vous voyez ?

Bref, une fois atténuée la stupeur de nous retrouver, on se rassied. Sabrina nous sert son fameux roulé à la confiture, un café noir bien serré que mon père sucre autant que moi, et on discute de tout et de rien. De mon boulot, du quartier où j'habite, de la famille et de tous ces innombrables cousins dont j'entends régulièrement parler, mais que je ne connais pas encore. Deux ou trois fois, je surprends un regard furieux de ma tante vers la fenêtre, et je me retourne juste assez vite pour apercevoir des bouts de chevelures brunes et des petits yeux noirs curieux s'envoler comme une nuée de moineaux. À la quatrième fois, elle s'en excuse auprès de moi : « Ils veulent te connaître, c'est normal ». Oui, bien sûr. Mais c'est encore un peu tôt.

Lors de cette première entrevue, nous évitons tous soigneusement les sujets principaux de nos vies, pour ça aussi c'est trop tôt. Et puis, maintenant qu'on s'est retrouvés, on a la vie devant nous ou presque.

Mon père ne me parle donc pas d'Adeline, et je ne lui parle pas d'Emma.

Voilà, c'est fait.

J'embrasse ma tante, je laisse mon père me serrer maladroitement dans ses bras, je fixe le cosy d'Agathe sur sa poussette, et je me prépare maintenant à rentrer chez moi à pied. Le froid me fait du bien. La nuit commence à tomber et Agathe s'endort rapidement, bercée par le balancement régulier des roues et la chaleur de sa doudoune. C'est Emma qui la lui a commandée pendant sa grossesse en profitant d'une promotion. « Le rouge va bien aux blondes », affirmait-elle.

Elle a tout préparé, tout planifié brin à brin, comme un oiseau qui construit son nid vaillamment pour ses petits à venir. Elle m'attendrissait, et puis c'était une façon comme une autre de se prémunir contre ce qui allait nous arriver. Une forme d'action dans l'acceptation.

En ce qui concernait la surveillance d'Emma pendant que je travaillerais, en revanche, on ne s'était pas affolés. Nos perruches avaient rapidement exigé d'avoir la garde exclusive de notre bébé, il était hors de question de faire appel à une *estrangere*, non mais. Rosalie a carrément transformé une petite pièce de son appartement qui lui servait de débarras en chambre d'enfant, avec lit à barreaux, mobile assorti, table à langer et tout ce bazar que les femmes adorent accumuler avant l'arrivée d'un bébé. Je n'ai rien contre, hein, en plus, j'ai dû m'y mettre rapidement à tout ça. Les couches n'ont plus de secret pour moi, maintenant : une fois qu'on a compris le principe, rien de plus facile. J'ai encore un peu de mal avec l'organisation, anticiper tout ce qu'il faut, ne pas se trouver à court de lait en poudre avant le week-end, par exemple, mais je ne suis jamais seul, donc ça va. Parfois, je me dis qu'à mon insu, j'ai reproduit la gitanerie de mes origines, avec des personnes pourtant si différentes de moi que ça n'était pas gagné au départ. Peut-être qu'on a tous été cabossés d'une manière ou d'une autre, et que ça nous a suffi. Peut-être aussi que ma fée Clochette a permis que tout ça arrive. Sûrement un mix des deux.

Bref, nous voilà presque arrivés. Mes grandes jambes élastiques et l'excitation de tout ce qui vient de se passer m'ont donné des ailes. Et puis j'ai hâte de faire le rapport aux autres ! Victor et Laurent m'attendent de pied ferme, mais je sais que nos aînés sont au courant aussi, et ils doivent tous être en train de guetter mon retour derrière l'œilleton de leur porte d'entrée. Je souris à cette perspective. J'adore cette impression de rentrer chez moi en ne me sentant jamais seul. Il y a toujours de bonnes odeurs de cuisine, un petit plat devant ma porte, une attention pour Gary, un sourire, parfois un juron de John qui me fait marrer. La mayonnaise a vraiment fini de prendre au début de la grossesse d'Emma et, depuis, nos liens se sont renforcés comme ceux d'une grande famille, avec les vieux qui parfois nous agacent, mais nous rassurent aussi avec leurs habitudes et leur vie de vieux justement, et puis les plus jeunes, Victor surtout, qui s'épanouit enfin dans sa vie personnelle. Qui aurait pu croire que, derrière cette caricature de mec bodybuildé qui enchaînait les conquêtes sans lendemain se cachait un cœur tendre qui n'aspirait qu'à la rencontre de sa vie, avec un autre mec ? Quand j'ai su que Victor était gay, ça m'a à la fois surpris et soulagé. Il était tellement secret sur ses relations que je n'aurais pas pu m'en douter. Je suis si content qu'il puisse enfin vivre en accord avec ce qu'il est vraiment. Emma la magicienne avait deviné, paraît-il, en tout cas, il s'en est ouvert à elle en dévoilant pour la toute première fois de sa vie cette partie de lui qu'il assumait enfin.

Aussi, quand Mireille a eu besoin de prises de sang régulières durant un mois à cause d'un problème de coagulation ou je ne sais trop quoi, et que son infirmier à domicile venait acheter son pain au chocolat du matin à Victor avant d'aller la piquer, je ne l'ai pas taquiné longtemps sur l'assiduité du bel infirmier une fois les troubles de notre perruche résolus. Sa tournée habituelle passait soi-disant par là et il continuait de venir dévorer les meilleures viennoiseries d'Arles chez Victor. Ben voyons. On a vite repéré son manège et l'épanouissement corrélé de la mine de notre ami, chaque jour plus en forme et manifestement heureux de vivre. Un soir, Laurent est resté dans notre immeuble, et lui non plus n'en est jamais reparti.

Lorsque je pousse la porte de la boulangerie, ils sont là tous les deux, accoudés au comptoir avant la fermeture. Leurs visages sont tendus comme ceux de parents qui guettent un résultat de leur enfant. « Alors ? » me lancent-ils en chœur.

Agathe se réveille au même moment, forcément, on ne roule plus et il fait super chaud ici. Je lui enlève sa doudoune et la prends dans mes bras. On dirait un poussin sorti du nid, sa nuque est douce, si tendre. Je l'embrasse sans même y penser, elle cligne ses petits yeux bleus et se niche dans mon cou. Jamais je n'aurais pensé ressentir autant d'émotions pour un être si petit qui dépend entièrement de moi pour sa survie. Avec elle, je me sens comme un fauve, prêt à déchiqueter n'importe qui voudrait lui faire du mal. C'est viscéral.

Victor trépigne, mais il me connaît trop bien. À me regarder, il sait déjà que tout s'est plutôt bien passé. Il veut juste les détails, ne serait-ce que pour vivre un peu ces retrouvailles par procuration. Lui n'a pas eu cette chance.

— Alors, ton vieux ? Comment il est ?

— Plutôt cool. C'est un vieux gitan fatigué, mais franchement, il a l'air d'être un bon bougre, clairement à l'opposé de l'image que je m'étais construite de lui.

— Comment il a réagi en te voyant ?

— Il a pleuré.

— Oh ?

— Eh ouais.

— Vous avez parlé de quoi ?

— De nos vies, de tout et de rien… C'était assez fluide, en fait.

— Tu as géré mon pote, bravo. On est fiers de toi.

— Ouais. Merci.

— Et la petite ?

— Elle a assuré, super sage, souriante et tout, le bébé modèle ! Sabrina l'a mise dans les bras de mon père avant qu'on s'en aille.

— C'est bien.

— Oui. C'est bien.

On se regarde tous les trois, on a l'air con. Mais on a l'essentiel : la chaleur d'un foyer, même atypique ou bizarre, peu importe du moment qu'il t'apporte ça, ce qu'on est en train de partager, cette communion de sourires et de silences qui n'a pas besoin d'être dite ni expliquée. Un bonheur souterrain qui gronde doucement, rassure et réconforte et qui j'espère, mon Agathe, sera l'un des soutènements de ta vie.

À défaut d'une mère pour te voir grandir, tu auras tout ça.

6

Eh oui, je sais bien que vous l'avez compris depuis longtemps, peut-être même avez-vous deviné avant moi, qui sait ?

Mon Emma était en sursis quand je l'ai rencontrée.

Alors, je ne vais pas vous jouer le couplet habituel, les trémolos, la jeune mère qui décède en mettant au monde son enfant, le père veuf et éploré, mais si courageux, etc.

Je ne vais pas non plus m'étendre sur cette chance inouïe que j'ai eue de rencontrer Emma. Elle m'a sauvé la vie. Au sens où, avant elle, je survivais, je trainais ma carcasse parce qu'il faut bien respirer, manger, boire et dormir, mais ça n'avait aucun sens. J'étais un déraciné, rien de plus.

Non, ce que je veux vous dire, en notre nom à tous les deux, c'est à quel point tout ça m'a donné de la force.

Je ne vais pas mentir, quand Emma s'est enfoncée dans la maladie, quand il a fallu l'accompagner contre tout le corps médical qui souhaitait qu'elle mette fin à sa grossesse pour se soigner, quand elle a rendu son dernier soupir, j'étais écrasé, fini. La douleur que j'ai pu ressentir, cette sensation de vide sidéral, ce manque absolu, j'ai pensé en crever. Je me serais peut-être bien jeté pour de bon dans le Rhône d'ailleurs, avec alcool et médocs, c'est même sûrement ce qu'aurait fait l'Alex d'avant, celui qui était un peu désabusé, un peu looser, persuadé que la vie ne valait pas toutes ces souffrances. Faut pas déconner, j'avais eu mon compte, non ?

Mais voilà. Emma ne m'a pas seulement offert une histoire d'amour merveilleuse, elle m'a aussi et surtout offert une vision de la vie que je n'avais jamais eue avant elle. Comme une fenêtre qui s'ouvre sur un monde improbable, ce fameux côté du miroir que je pensais ne jamais atteindre quand j'étais petit et que je me sentais maudit. Je l'ai compris en voyant toutes ces connexions s'établir peu à peu entre nous et nos voisins devenus des amis, puis notre famille. Je l'ai compris à chaque fois que nous plaisantions sur la mort, la maladie, où chaque fou rire était une victoire, un jeu, un temps d'éternité de gagné. Je l'ai compris quand j'ai su la vérité pour mon père. Je l'ai enfin et surtout compris une fois que j'ai eu ma fille dans les bras, évidemment.

Un cadeau, ce prolongement de toi. Petite graine de vie, promesse de lendemains meilleurs, chaque jour qui passe confirme ta joie de vivre ma luciole, ton espièglerie, ta profonde gentillesse, ta sensibilité. Tu me dis souvent que maman vient te voir dans tes rêves, que tu lui parles en secret. Vous communiquez d'une manière qui m'échappe. En tout cas, tu sais comme elle me mettre dans ta poche. Les perruches m'engueulent régulièrement à ce sujet parce que je cède trop facilement, mais elles font exactement pareil, elles t'adorent.

Emma doit bien se marrer, de là où elle est.

7

Mars 2003

Je cours dans ce hall que je connais désormais par cœur. Les portes vitrées qui s'ouvrent une fois sur deux, les petits vieux qui cherchent à quel étage se trouve leur consultation, les perfusés maladroits et cernés, ceux qui grattent du feu ou une petite cigarette, allez quoi, ça fait pas de mal et puis qu'est-ce qu'on s'emmerde ici, les gamins qui courent ou qui pleurent et se font engueuler, chut pas de bruit c'est un hôpital ici, y a des gens qui meurent, tais-toi.

Des gens qui meurent, d'autres qui vivent, souffrent, survivent, naissent. Des gens dont je n'ai rien à foutre, je ne les connais pas. Des gens dont, en temps normal, je me préoccuperais sûrement, ils me feraient peut-être même de la peine, surtout ces deux-là devant moi, la petite vieille qui aide comme elle peut son mari fatigué, qui lui prend le bras, qui lui sourit comme si de rien n'était. Mais là, je ne peux pas. Ils me font chier, me ralentissent alors que tu m'attends là-haut, tu vas mal, et là, j'ai peur, je crève de trouille à l'idée d'arriver trop tard, chaque jour.

Quand j'arrive dans ce couloir au cinquième étage, ce vieux couloir qui sent l'hôpital, je guette le visage des soignants que je croise. Si leur expression change en m'apercevant, c'est forcément mauvais signe, mais quand même ils m'appelleraient si tu t'aggravais d'un coup, non ?

Je n'arrive plus à réfléchir, je ne suis ni cohérent ni sympa, j'engueule tout le monde et puis je te vois.

Toi, ton demi-sourire permanent, tes cheveux blonds et cette mini-montgolfière à la place de ton ventre. Souvent, tu te crispes, tu prends sur toi, tu transpires. Tu es sous morphine au long cours, c'est compatible avec ton état, heureusement.

Tout le monde nous connaît ici, forcément. Il y a deux catégories de soignants : ceux qui nous jugent, sans méchanceté, hein, mais on sent bien que c'est plus fort qu'eux, ils n'arrivent ni à comprendre ni à expliquer notre décision, ils ont l'air désolés pour nous et nous traitent au mieux comme des doux dingues, de jeunes inconscients, au pire avec ce mépris caractéristique de ceux qui pensent tout savoir mieux que tout le monde. Et puis il y a les autres, ceux qui comprennent ou parviennent à faire semblant, ceux qui soignent sans chercher à savoir ce qu'ils auraient fait à notre place, ceux qui nous accompagnent au sens noble du terme. Ceux-là, je les chéris. Ce sont un peu nos anges gardiens, surtout les tiens, mon amour. Ce sont eux qui te couvent, qui te soulagent, qui pleurent parfois avec toi parce qu'ils se sont attachés à nous, parce que cette situation est déchirante et que la vie, c'est vraiment de la merde, parfois. Eh oui.

Tu as refusé toutes les chimios qui risqueraient de compromettre ta grossesse, d'abîmer notre luciole. Tu lui parles, tu la caresses, tu lui chantes des berceuses, et elle vient se lover sous ta main, parfois sous la mienne, elle nous répond et nous enchante. Ces moments-là sont parfaits.

On vit au jour le jour. C'est ce qu'on a toujours fait, même si cela devient de plus en plus difficile. Victor, John, Mireille et Rosalie sont aux petits soins, ils viennent te voir de temps en temps, mais ça te fatigue beaucoup, alors ils se contentent de te faire passer des petits mots, des attentions, ils s'occupent de nous comme si nous étions leurs enfants. Je dois engueuler Victor, qui me dépose un sachet de viennoiseries par jour devant la porte. C'est Gary qui les dévore une fois sur deux dès que j'ai le dos tourné.

Lui aussi est malheureux depuis que tu n'es plus à la maison. Il tourne en rond, renifle ta place dans notre lit, il a même volé un de tes foulards dans son panier et le tète comme si c'était un doudou. Je l'ai laissé faire, pauvre vieux, je le comprends. Tu nous manques. Le quotidien sans toi dans cet appartement est d'un triste, tu n'imagines pas. Je ne te le dis pas évidemment, je fais semblant d'aller bien, d'être fort, c'était un peu notre pacte depuis le début. On a choisi d'assumer. Mais entre nous, les silences parlent aussi fort que les mots, et je sais que tu sais tout. Tu connais ma peine, tu pétris ma douleur, tu la caresses, tu souffles dessus pour l'apaiser, tu m'envoies des promesses de bonheur avec notre petite fille, tes yeux se noient dans les miens lorsque je lis la confiance que tu mets en mes futures capacités de père. Tu n'as aucun doute là-dessus, alors je te crois. J'y crois aussi.

Parfois, on passe de longs moments sans se parler, plusieurs heures si tu es fatiguée. J'enlève mes chaussures et je m'étends tout contre toi, je pose ma main sur ton ventre et je joue avec notre luciole. J'écoute ton souffle régulier et, souvent, je somnole avec toi, à peine dérangé par l'infirmière qui passe de temps en temps pour vérifier la pompe à morphine. Tu es belle.

Ces heures-là sont si précieuses, c'est presque le calme avant la tempête.

Après quelques semaines sans changement physique notable, tu t'es aggravée si brutalement qu'il n'y a pas eu d'autre choix que l'hospitalisation. On a envisagé un temps de te garder à domicile, mais c'était trop risqué pour le bébé. S'il t'arrivait quelque chose, il fallait pouvoir pratiquer une césarienne en urgence. Alors, on a amené un peu de notre maison ici. Il y a quelques-unes de tes toiles sur les murs, tout le monde s'extasie dessus et ça te fait sourire. Il y a aussi ton coussin, une couette colorée, quelques bouquins, des photos de nous, une lumière d'ambiance, comme on dit. Ça nous donne un joli teint, un peu doré. J'en oublie tes cernes mauves et la pâleur de tes joues, je n'étais pas habitué. Tu avais toujours des pommettes légèrement rosées, avant. Avant le chaos, avant que cette putain de tumeur ne se réveille.

C'est comme ça.

— *Quelle heure il est ?*
— *Quinze heures. Ça va ?*
— *Oui. Elle n'arrête pas de faire des pirouettes, la coquine. Ça m'a réveillée.*
— *Je pensais que c'était moi, ça me rassure.*
— *Pourquoi ?*
— *C'est précieux, ton sommeil.*
— *Mais non, j'aurais tout le temps de dormir quand...*
— *Oh, t'as pas le moral, toi.*
— *Désolée, j'ai super mal au crâne depuis ce matin. Ça fait longtemps que tu es là ?*

— *Je viens d'arriver. Tiens, regarde, Mireille t'a préparé des petits croquants à la nougatine.*

— *Elle est trop mignonne, mais franchement, j'ai du mal à avaler quoi que ce soit. Je les filerai aux infirmières ce soir, ça les aidera à tenir la nuit. En plus, c'est Hortense de garde, ça tombe bien.*

Emma adore Hortense, donc moi aussi. Elle fait comme nous, elle traite ce gliome par-dessus la jambe, comme si c'était un imposteur, elle se fout de lui. On rigole bien avec Hortense, et cette légèreté est un vrai cadeau. Une bénédiction. Ce matin, pendant la visite du grand professeur suivi par une nuée d'internes tous plus stressés et obséquieux les uns que les autres, elle faisait le pitre derrière son dos pour détendre l'atmosphère. Emma riait aux larmes, ce qui a beaucoup surpris le professeur, était-ce un effet neurologique secondaire ? Son cas était-il en train de s'aggraver sous ses yeux ?

Emma sourit en me racontant l'anecdote, mais je sens qu'elle se force, pas de ça entre nous. Je la fais taire et lui propose un petit massage du bas du dos. Elle accepte avec reconnaissance, c'est dur de rester au lit si longtemps, les lombaires souffrent.

Dans quelques semaines, notre fille ne sera plus considérée comme prématurée si elle venait au monde. Je sais que cette ligne rouge tient Emma, elle donne tout ce qu'elle a pour ne pas s'effondrer avant cette date fatidique. « Pas de couveuse, je ne veux pas que ma luciole vienne au monde dans un aquarium, tu comprends, Alex ? Je veux qu'elle soit dans nos bras, qu'elle ne se sente pas seule ni abandonnée. »

Tiens bon, mon amour. On va y arriver.

8

Effectivement, Emma y est arrivée. Les premières contractions sont arrivées en pleine nuit, à huit mois de grossesse révolus. Lorsque l'infirmière de garde m'a appelé à la maison, mon cœur a raté un battement, même plusieurs. Un appel à trois heures du matin, ça ne signifiait rien de bon, surtout que les jours précédents avaient tous été difficiles. La morphine était à dose maximale, et Emma alternait des phases d'éveil douloureux et de sommeil comateux. Elle était nourrie et hydratée uniquement par perfusion pour que le bébé et elle ne manquent de rien, elle n'arrivait plus à manger quoi que ce soit.

J'ai foncé dans la nuit, houspillant le taxi pour griller les feux rouges, ils t'avaient déjà transférée en obstétrique. Césarienne en semi-urgence, tu avais des contractions efficaces, mais tu étais beaucoup trop faible pour un accouchement standard, on nous avait prévenus.

Au-delà de la peur panique de te perdre se mêlait l'excitation, une forme de joie pure à l'idée de rencontrer enfin notre enfant. Je n'ai jamais rien connu de plus fort.

L'attente ensuite, durant ce qui m'a paru être de longues heures mornes sur un fauteuil rigide qui m'a bousillé les reins, en face d'une pendule sonore qui marquait les secondes en martelant mon crâne de ses tic-tacs horripilants. De temps en temps me parvenaient des cris, des gémissements, je sursautais.

Rien de grave. Des femmes en train de découvrir les joies de l'enfantement, la vie, la mort, encore une fois.

Et puis cette personne toute de bleu vêtue, un masque cachant le bas de son visage, les yeux brillants de fatigue, qui m'annonça en retirant son calot de papier que j'étais le papa d'une belle petite fille. Elle n'avait pas un air très joyeux pour quelqu'un qui annonce une naissance, alors je me suis méfié. Est-ce qu'elle était juste exténuée par sa nuit de travail, ou bien ?...

Elle m'a laissé profiter quelques secondes de cette jolie nouvelle, et puis elle a poursuivi avec un petit air désolé. Tu étais en réanimation, l'anesthésie avait généré quelques complications et, vu ton état de fatigue, ils avaient dû rapidement te mettre sous assistance respiratoire. Tu étais plongée dans un coma artificiel, on ne savait pas pour combien de temps. Ni si tu te réveillerais. Tous tes organes étaient si fatigués, et puis cette grossesse avait pompé tes dernières réserves d'énergie. Je savais tout ça, oui, merci madame. Pourrais-je les voir ?

« Votre fille, oui, bien sûr. Sa maman aussi, mais pas tout de suite, il faut attendre qu'elle soit stabilisée. Demain matin, oui, probablement. Venez, je vous accompagne. »

C'est ainsi que j'ai découvert Agathe, empli d'un sentiment de joie mêlé d'une peur absolue. Je n'ai d'abord vu d'elle qu'un petit tas de couvertures blanches et roses à travers un berceau transparent, puis un bonnet, et enfin son petit nez. Un profil, un bout de peau diaphane, une oreille minuscule. Et des doigts si fins qu'on aurait dit ceux d'une petite poupée. J'avoue, j'étais émerveillé.

La sage-femme attendait patiemment que je retrouve mes esprits, elle connaissait bien la situation. Elle m'a proposé de m'asseoir dans un large fauteuil muni de solides accoudoirs, a vérifié que j'étais en possession de tous mes moyens, c'est vrai parfois les jeunes pères tournent de l'œil, on ne sait pas pourquoi, et puis elle a posé délicatement le petit paquet de couvertures dans mes bras. Là, tu as paru encore plus minuscule. Tu étais si légère et précieuse à la fois. On est restés là longtemps tous les deux, sans bouger. Tu étais drôlement sage et ça m'a rassuré, je n'avais rien d'autre à faire que te garder contre moi pour que tu n'aies pas froid et t'observer. De temps en temps, tes paupières frémissaient, je me demandais si tu rêvais. Ça devait te faire drôle de ne plus sentir ta maman.

Je t'ai parlé tout doucement, je t'ai expliqué qu'elle était très malade et qu'elle ne pourrait pas s'occuper de toi tout de suite, mais que moi, j'étais là.

Je serai toujours là pour toi.

Au bout d'un long moment, une soignante est venue prendre ta température, m'a demandé si tout allait bien, si je voulais déjeuner, et j'ai réalisé que le soleil s'était levé.

— Je voudrais voir ma femme.

On n'était pas mariés, mais ça sonnait mieux comme ça, je me disais qu'on me prendrait plus au sérieux.

— Bien sûr, remettez la petite dans son berceau, on va la garder avec nous. À tout à l'heure.

Je me suis retrouvé bête dans le couloir, à ne pas savoir où aller. Je connaissais si bien le cinquième étage et ses visages familiers, la chambre 207. Où étais-tu, Emma ?

J'ai trouvé à grand-peine le service de réanimation. Il fallait sonner, passer par un vestiaire impersonnel où on nous demandait de revêtir une blouse de papier, des surchaussures qui me faisaient ressembler à un cosmonaute. Il faisait sombre, je n'aimais pas cet endroit.

Les gens avaient l'air pressé, inquiet. Une aide-soignante m'a demandé de patienter. J'avais en face de moi un patient qui avait l'air déjà mort, blanc comme ses draps, les yeux fermés, un tube dans la bouche. Je me suis senti profondément effrayé. Comment allais-je réagir si je retrouvais mon Emma dans cet état ?

À ce moment-là, un médecin est arrivé et m'a salué brièvement. Il m'a fait signe de le suivre, m'expliquant en même temps que tes jours étaient comptés, peut-être même tes heures, il était désolé. Ta tumeur avait beaucoup progressé sur les dernières semaines, l'imprégnation hormonale était si forte, et puis la césarienne par-dessus… Je n'ai pas pu m'empêcher de lui demander pourquoi on ne reprenait pas les traitements maintenant que le bébé était sorti, mais il m'a regardé comme si on ne parlait pas la même langue, tous les deux. Il s'est adressé à nouveau à moi en détachant ses mots plus soigneusement, plus doucement. M'a redit que ta tumeur était infiltrée partout, que tu étais en phase terminale.

— Vous le saviez, Monsieur Aubert. C'est déjà un miracle qu'elle ait pu mener cette grossesse à son terme. Je suis vraiment navré, nous pourrons la soulager pour lui apporter le plus de confort possible, mais il n'y a plus rien à faire.

— Mais… vous êtes en train de me dire qu'elle ne se réveillera plus ? Je ne lui ai même pas dit au revoir !

Il a esquissé une petite moue désolée. Un médecin réanimateur, c'est fait pour réanimer, semblait-il me dire, pour la mort, passez votre chemin, je ne suis pas qualifié pour ça.

Une infirmière a pris le relais et m'a accompagné au chevet d'Emma, qui était malheureusement dans le même état que le patient du box voisin.

Une de ses épaules était dégagée, je l'ai embrassée délicatement. Sa peau était toujours aussi douce. Je suis resté là un long moment, jusqu'à ce qu'un binôme de soignants me demande de sortir le temps des soins.

J'ai alors interpelé l'infirmière qui m'avait montré le chemin peu de temps auparavant.

— J'ai une requête à vous faire.

— Oui ?

— Au cas où Emma ne se réveille pas… je voudrais qu'elle connaisse notre fille, qu'il y ait au moins un contact entre elles. Est-ce que je peux l'amener ici ?

— C'est-à-dire… Je ne sais pas si c'est possible, vous comprenez, le service de réanimation est interdit aux enfants, alors un nouveau-né…

— Juste pour un quart d'heure. S'il vous plaît.

Elle a regardé furtivement autour d'elle, a hésité, puis m'a donné son accord. Elle en prenait la responsabilité sans demander à son chef. « Un vrai con, il refusera », m'a-t-elle glissé. Je l'ai remerciée du fond du cœur. Elle a serré fort ma main, les yeux brillants. « On est tous avec vous », m'a-t-elle chuchoté.

Ce petit échange m'a galvanisé. J'ai volé jusqu'à la maternité deux étages plus haut, prévenu les sages-femmes et emmené le petit berceau transparent jusque devant les portes de la réa. Agathe dormait toujours. Je l'ai prise dans mes bras et me suis faufilé jusqu'au box d'Emma. Mon infirmière complice qui s'appelait Sandrine s'est ruée vers moi. « Vite, on n'a pas beaucoup de temps. » Elle a tendu un paravent devant ton lit mon amour, nous offrant ainsi l'intimité nécessaire au partage de ce qui devait être l'un des plus beaux moments de notre existence. Qui restera à jamais l'un des plus intenses, en tout cas.

Le respirateur faisait un drôle de bruit, on aurait dit qu'il soupirait. Emma était complètement immobile, sauf au niveau de sa poitrine qui se soulevait au rythme de ces étranges soupirs. Le scope bipait discrètement, rien de grave. Sandrine a hoché la tête. C'était le moment. Elle a dégagé la poitrine d'Emma et m'a montré l'endroit où poser notre fille.

— Mon amour, je te présente Agathe. C'est une fabuleuse petite fille, elle est magnifique.

J'ai déposé mon précieux fardeau contre la peau nue de sa maman. Sandrine et moi retenions notre souffle. Agathe ne bronchait pas, toujours endormie. Je les ai contemplées toutes les deux. Voilà. Quelle que soit l'issue, elles auraient au moins eu ça.

Au bout de quelques minutes, Agathe a tressailli, bougé doucement la tête. Est-ce qu'elle reconnaissait sa mère, ce corps si familier au sein duquel elle s'était formée, son odeur, certains bruits ? Soudain, elle a remué vivement sa petite tête de droite à gauche et a semblé vouloir enfouir son nez contre la poitrine d'Emma. J'ai cherché Sandrine du regard, que se passait-il ? Elle m'a souri en retour, profondément attendrie, et m'expliqua que ma fille cherchait le sein de sa mère. Elle l'avait reconnue.

Je me suis rapproché d'Emma et lui ai caressé les cheveux. Une larme a perlé au coin de son œil et roulé doucement sur sa tempe. Son rythme cardiaque s'est accéléré. Sandrine s'est affolée, me demandant de partir. « Oui, elle a senti la présence du bébé, c'est formidable, mais maintenant, il faut y aller, je vais me faire engueuler ! »

Je m'en foutais, j'avais eu ce que je voulais.

Lorsque j'ai ramené Agathe à la nursery, elle a mêlé ses premiers pleurs à ceux des autres nouveau-nés et je me suis ému de cette manifestation de vie.

Les puéricultrices ont pris le relais, lui ont donné un biberon. Je suis sorti prendre l'air, et j'ai offert mon visage au soleil cinq minutes avant de passer tous les coups de fil pour annoncer une naissance, et probablement un décès imminent.

Emma avait fini par avouer sa grossesse à ses parents, assez tardivement pour qu'ils me jugent responsable de la situation. Je comprends aujourd'hui leur souffrance, je ne leur en veux pas. Nos rapports se limitent à la communication des dates de vacances pendant lesquelles ils récupèrent Agathe.

Victor, Laurent, Mireille, Rosalie et John sont arrivés en colonie. Ils se sont tous extasiés au-dessus du berceau d'Agathe, comme de bonnes fées, délivrant chacune leur vœu bienveillant pour ma fille. Même le vieux John avait l'air à côté de ses pompes. Il se mouchait sans arrêt dans un grand mouchoir à carreaux sur un air de trompette, s'attirant les regards courroucés des perruches.

Il a bien fallu leur annoncer qu'Emma vivait ses dernières heures. Je les ai tous pris dans mes bras en leur confiant la surveillance de ma fille, et suis allé retrouver ma princesse.

Emma s'est éteinte ce soir-là, un peu avant minuit. On avait décidé qu'on ne lutterait pas. L'intubation était déjà une entorse à notre pacte, alors, quand il a fallu décider de la débrancher pour abréger ses souffrances ou bien de la maintenir en vie en augmentant les doses de curare, j'ai dit non à l'acharnement.

Ce furent des heures très particulières, très étranges, des heures où j'oscillais entre une grande joie, une intense fierté d'avoir pu mener aux côtés d'Emma ce qui nous tenait tant à cœur, mettre au monde cette enfant sans aide artificielle, et bien évidemment une profonde tristesse. Comme je vous l'ai déjà dit, cette douleur-là, on peut en crever.

Une fois revenus à la maison, tout s'est mis en place autour d'Agathe et moi. Elle pleurait beaucoup au début, forcément, alors, comme je n'étais pas toujours en état de bien m'occuper d'elle, on a fait des tours de garde. Sabrina aussi avait son jour dans la semaine, et elle y tenait.

Agathe, finalement, c'est un peu l'enfant du village. Quand je vois la jeune fille qu'elle est en train de devenir, je me dis qu'on a tous bien bossé, quand même.

On peut être fiers de notre luciole.

ÉPILOGUE

Je devais vous parler de maman, vous vous souvenez ? On ne va pas finir cette histoire sans que je vous en dise un petit mot, quand même.

En fait, grâce à mon père, Victor et les autres, c'est comme si elle était toujours avec nous. Tous les jours, il y en a au moins un pour me parler d'elle, raconter un truc qu'elle a dit ou fait, et c'est super joyeux parce qu'ils ont toujours la banane quand ils parlent de ma mère. Il y a quelques photos d'elle un peu partout, ses toiles sont réparties entre tous les appartements, et puis surtout, moi, je la vois. Je l'entends et je sens qu'elle n'est jamais très loin.

Je lui confie ce que je n'ose pas dire à papa, ce qui me tracasse à l'école ou bien des chagrins de fille qu'elle seule peut comprendre. Ça me fait du bien. Quand Gary est mort, elle était là, bien sûr, je sais qu'il est content de l'avoir retrouvée. En Théorie.

Ma mère, elle est trop forte.

*

— Vous avez vu comme ils sont mignons ?
— *So pretty.*
— Ouaf !

Et contre toute attente, c'est ce bon vieux Gary qui a le mot de la fin.

À MES LECTEURS

Je vous remercie du fond du cœur, vous qui êtes en train de me lire, pour ce partage d'émotions, pour votre confiance sans cesse renouvelée, et pour les magnifiques messages que je reçois et que je lis tous, soyez-en sûrs, avec une attention particulière et un profond sentiment de reconnaissance.

On me demandait souvent, lorsque je travaillais à l'hôpital, comment je faisais pour côtoyer la souffrance des enfants au quotidien. Ma réponse est dans ce livre : inspirons-nous de leur capacité à vivre au jour le jour et à profiter du moment présent ! Et surtout, ne prenons pas trop la vie au sérieux…

Si vous avez aimé ce livre, auriez-vous la gentillesse de bien vouloir me laisser un petit commentaire et quelques étoiles en ligne ? C'est si important pour moi !
Merci du fond du cœur,
À très bientôt pour d'autres aventures,

Victoire
@victoire_sentenac
victoiresentenac@gmail.com

Dépôt légal juillet 2024
Achevé d'imprimer en juillet 2024 par Amazon